똑똑

똑똑

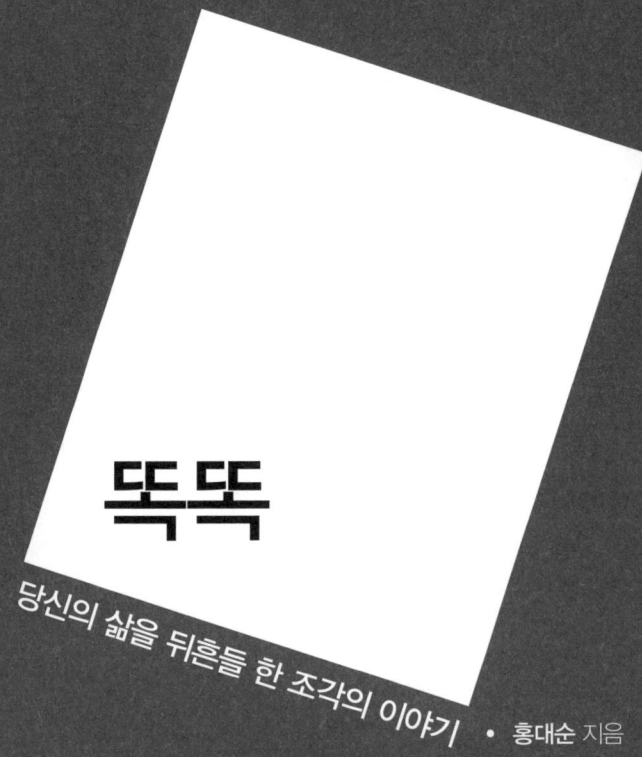

똑똑

당신의 삶을 뒤흔들 한 조각의 이야기 • 홍대순 지음

파이돈

프롤로그
똑똑! 마음을 두드리는 소리

세상에서 가장 위대한 노크는 밖에서 들려오지 않습니다. 그것은 내 마음 깊은 곳에서 울려 퍼지는 작은 울림, 잠든 용기를 깨우며 속삭이는 목소리입니다.

"이제, 문을 열 시간이다."

우리는 모두 문 앞에 서 있습니다. 포기할 것인가, 한발 더 나아갈 것인가? 익숙한 자리에 머물 것인가, 낯선 세상에 발을 들일 것인가? 그 선택은 언제나 쉽지 않지만, 그 순간마다 들려오는 아주 작은 노크 소리가 있습니다.

"괜찮아. 문을 열어도 돼."

이 책의 이야기는 거창한 이론이나 난해한 철학이 아닙니다. 누군가의 땀방울과 눈물, 절망 속에서도 빛났던 웃음, 그리고 세상을 바라보는 필자의 시선을 담았습니다. 그 순간들이 조용히, 그러나 깊숙이 당신의 영혼을 뒤흔들 것입니다.

혹시 지금 여러분의 마음 한쪽에서 '똑똑' 소리가 나고 있지 않나요? 그 소리를 무심히 흘려보내지 않고 문을 연다면, 당신 앞에는 상상하지 못한 풍경이 펼쳐질지도 모릅니다. 이 책을 덮을 즈음, 여러분의 인생에도 수많은 새로운 문들이 열리기를 진심으로 바랍니다. 똑똑! 준비되셨나요?

이제, 당신의 차례입니다.

차례

프롤로그 똑똑! 마음을 두드리는 소리 • 004

1부
내 마음의 작은 거인을 찾아서

1장　　마음을 흔드는 첫걸음

소확행을 버려라 • 017
살아있는 비너스! 나를 보세요 • 020
960번 넘어지고 다시 일어난 도전 • 023
노숙자에서 월가의 별이 될 때까지 • 026
1미터 더 깊게, 1초 더 오래 • 029
반드시 밀물 때가 온다 • 031
희망과 현실 사이, 삶을 노래하다 • 035
죽음! 신이 인류에게 준 최고의 선물 • 038
우리 안에 살아있는 악의 평범성 • 041

2장　　내면을 비추는 작은 변화들

감사는 삶을 바꾸는 연금술 • 047
쉼표의 미학, 삶을 채우는 휴식 • 051
우동 한 그릇, 공감이 이끄는 마음의 혁명 • 057
나를 빚는 루틴, 평범한 속의 위대함 • 063
당신의 언어 온도는? • 069
나눔의 패러독스 • 075

2부
그곳에 가면 빛이 보인다

3장   세상을 놀라게 한 용기 있는 선택들

10조 기부! 2만 원짜리 시계 찬 척 피니의 철학 · 083
제주를 구한 김만덕의 손길 · 086
칼레의 시민, 목숨을 건 희생 이야기 · 089
부자의 전설, 경주 최부자댁 · 092
서른 살 청년 이회영이 묻는다 · 095
미국의 영웅이자 한국의 딸! 안수산 · 098
조선을 지킨 일본 장수 사야가 · 102
자이니치를 아시나요 · 105

4장   세상은 넓고 할 일은 많다

피카소가 삼성전자 전략을 짠다면 · 111
자연은 최고의 비즈니스 스쿨 · 119
양자혁명의 진검승부 · 123
헤리티지노믹스를 펼치자 · 126
AI가 노벨상을 탄다면 · 133
신호와 소음 · 136
1인 방송국에서 1인 유니콘 시대로 · 139
우리가 잘 모르는 세계적인 K-강소기업 · 143
방위성금에서 K-방산으로 · 146

3부
길을 여는 리더의 선율

5장   마음을 울리는 리더십의 노래

타게 알렌데르, 가장 존경받는 정치인의 비밀 · 153
링컨의 포용, 마음을 얻는 리더십 · 156
철의 여인 대처가 남긴 유산 · 160
세상에서 가장 가난한 대통령, 호세 무히카 · 164
왜 지금 레이건인가 · 167

6장   역사의 물결 속에서 길을 잃은 순간들

일본의 사무라이 애덤스와 조선의 광대 하멜 · 173
도자기의 역습 · 176
이와쿠라 사절단의 교훈 · 180
조선 은제련법의 외침이 들리는가 · 184
선조는 어느 나라 군주인가 · 188
삼전도의 굴욕을 자초한 인조 · 191

4부
함께 떠나는 사유의 끝자락

7장   민국아! 어디 가니?

글뤽 아우프! 기적을 캐낸 파독 광부와 간호사 · 199
태극기 휘날리며 · 202
국회의원 VS 국해(國害)의원 · 206
도산의 외침! 그대는 나라를 사랑하는가 · 209
이제 한강(漢江)을 한강(韓江)으로 바꾸자 · 212
국경일의 새로운 풍경과 가치 · 215
국가는 저절로 조국이 되지 않는다 · 219
알로하의 속삭임 · 222
잃어버린 안테의 법칙 · 226
생활체육 넘어 생활음악 시대로 · 229
'무궁화'가 국화(國花)가 아니라고? · 232
에펠탑, 자유의 여신상, 그럼 대한민국은? · 235
국보 숭례문에 놀이터를 · 238

8장   함께 그리는 공존의 물결

아시아의 심장 대한민국에 UN 본부를! • 243
'주한 외국인의 날'을 제정하자 • 246
잊혀진 빛, 선교사의 헌신 • 249
21세기는 문화의 세기! • 252
대한민국이 이민자에게 핫플이 되려면 • 255
한-일판 엘리제조약을 맺자 • 258
주한 외국 대사, 청소년들과 판문점을 건너는 날 • 261
경평축구 부활로 지구촌에 희망을 • 264
팍스코리아나를 향하여 • 268

1부
내 마음의 작은 거인을 찾아서

1장

마음을 흔드는 첫걸음

강철왕 카네기의 집무실에 걸려 있던 작자 미상의 조각배 그림

소확행을 버려라

요즘 어딜 가나 '소확행', '워라벨'이 대세다. 안 하면 왠지 시대에 뒤떨어지는 것 같은 느낌이 들 정도이니 말이다. 특히 젊은 층에서 소확행, 워라벨을 중요하게 여기는 추세다. 관련 책들도 무수히 쏟아진다. 그러다 보니 너도나도 호캉스를 즐기는 모습 등 소확행 관련 내용을 인스타그램, 페이스북 등에 도배하다시피 올리곤 한다.

필자 또한 소확행, 워라벨의 의미와 취지를 모르는 바 아니다. 그러나 관점을 살짝 바꾸어 생각해보자. 먼저 세상을 바꾸고 인류 문명을 바꾼 사람들이 소확행, 워라벨 하는 것을 본 적이 있는가? 피카소, 아인슈타인, 스티브 잡스, 일론 머스크 같은 사람들이 소확행, 워라벨을 하라고 한 적이 있던가? 일론 머스크는 주당 100시간을 일하며 일을 사랑하라고 이야기할 정도이다.

그렇다면 잠시 이런 가정을 해보자. 소확행, 워라벨이 주는 메시지가 "당신은 그런 큰 그릇, 큰 인물이 될 사람이 아니니, 시간 되면 기계처럼 딱딱 퇴근해서 그냥 하루를 소소하게 즐겨라. 인생 뭐 있어?"라는 표현이라면 어떤 느낌이 드는가? 그리 생각하니 그렇게 좋아 보이던 소확행, 워라벨이라는 단어가 왠지 기분이 나쁘지 않은가? 오히려 나를 무시하는 단어는 아닐까? 또는 뭇 일반인들에게는 소확행, 워라벨 하라고 해놓고, 그 누군가는 세상을 지배하고 인류를 바꾸는 엄청난 일을 해내면서 부를 축적한다면?

필자는 기업 대상 신입직원 강연 때 "자, 여러분 출근하는 첫날부터 나는 이 회사 사장, 오너라는 생각을 하고 출근하세요"라고 이야기한다. 그리고 직장에서 동료나 상사가 "이 친구는 사원이지만 사장 같아"라는 최고의 칭송을 들으라고 주문한다. 사원이라도 오너의 시선을 갖고 있으면 회사 일을 바라보는 관점이 180도 달라지기 때문이다. 일의 의미와 가치를 느낀다는 것은 자신이 하는 일에 몰입하는 것이다. 몰입하면 시간 가는 줄 모른다. 정해진 출퇴근 시간이 전혀 중요치 않게 되는 현상이 발생한다. 더군다나 재미가 있으면 긍정 에너지가 넘쳐난다. 강요가 아니라 자발적, 내적 동기부여에 따른 것이기에 더욱 의미가 크다.

　여기서 필자는 소확행, 워라벨이 안 좋다고 주장하는 것이 결코 아니다. 다만 남들이 소확행, 워라벨 하니까 무턱대고 따라 하지 말자는 것이다. 오히려 소확행에 앞서서 "나는 누구인가?"라는 근본적인 질문을 던져보라고 이야기하고 싶다. 사람은 누구나 이 지구별에 태어난 보석 같은 이유가 있기 때문이다. 누구나 자기만의 '지문'을 가지고 태어나지 않았는가? 이는 어떻게 살아갈 것인가와 직결되는 문제이다. 다른 말로 표현하면, 나 자신이 '원본'의 삶을 살 것인가, 아니면 세상 속 누군가의 '복사본'의 삶을 살 것인가에 대한 문제이기도 하다.

　이러한 화두를 생각하고 나서도 소확행을 하는 것이 의미와 가치가 있다면 소확행을 해도 좋다. 그러나 나의 잠재된 그릇 크기조차 모른 채 자신을 작게 가두면서, '그래! 인생 뭐 있어? 소확행이라도 즐기자!'라는 생각만큼은 지양하자는 뜻이다. 그렇다고 호캉스를 하지 말자든가 차 한 잔의 여유를 즐기지 말자고 이야기하는 것은 아니니 추호도 오해 없기를 바란다.

　인생의 산해진미를 진정 만끽하고 싶은가? 그렇다면, 소확행을 버려라!

살아있는 비너스! 나를 보세요

영국 트라팔가광장에 가면 영국 역사상 가장 위대한 해군 영웅이라 불리는 넬슨 제독의 5미터 동상이 52미터 원주 위에 우뚝 서 있다. '트라팔가해전'은 한산대첩, 살라미스해전, 칼레해전과 함께 세계 4대 해전 중의 하나인데, 트라팔가해전을 승리로 이끈 이가 바로 호레이쇼 넬슨Horatio Nelson이다. 넬슨은 영국 역사에서 왕족을 제외하고 국장의 예우를 받은 몇 안 되는 사람이다.

영웅들의 동상이 서 있는 트라팔가광장에 있는 총 4개의 좌대 중에서, 어느 날 넷째 좌대에 '앨리슨 래퍼'라는 인물 조각상이 설치되면서 세간에 커다란 화제가 되었다. 작품명은 〈임신한 앨리슨 래퍼〉Alison Lapper Pregnant였다. 트라팔가광장은 박물관, 갤러리가 밀집한 영국의 문화, 정치, 역사적 중심이 되는 광장이기에 해당 조각상은 더욱 주목을 받을 수밖에 없었다.

그렇다면 그녀는 어떻게 네 번째 좌대Fourth Plinth 조각상의 주인공이 되었을까? 우선 트라팔가 네 번째 자리에는 150여 년간 어떤 조각상도 설치되지 않았다가 2000년대 들어 공공미술 프로젝트를 통해 선정된 작가의 작품을 올리게 되었다. 마크 퀸Marc Quinn이 제작한 3미터 15톤의 〈임신한 앨리슨 래퍼〉 작품이 그 주인공이다.

앨리슨 래퍼는 태어날 때부터 양팔이 없고 다리만 조금 붙어 있는 '해표지증'phocomelia을 지닌 구필 화가이다. 생후 6주 만에 부모에게 버림받아 보호시설에서 자랐으며, 온갖 고통을 감내하는 성장 과정을 거쳤다. 22살에 결혼했으나 가정폭력과 학대 속에서 이혼을 하게 되는 아픔을 겪고, 이후 주변의 만류에도 불구하고 앨리슨 래퍼는 임신하여 아이를 출산했다. 작은 스펀지를 입에 물고 아이의 머리를 감겨주거나 입으로 젖병을 물리고, 아이 옷을 물어 들어 옮기는 연습을 수없이 해가며 아들 패리스를 키워나갔다. 또한 미술에 관심이 컸던 앨리슨 래퍼는 브라이튼 대학에서 미술을 전공하며 구필 화가, 사진작가로서 활동을 시작했으며, 자신의 신체적 결함을 작품에 적극적으로 담아내 장애인에 대한 편견에 도전했다.

한편 앨리슨 래퍼는 모성 및 장애에 대한 편견에 도전한 공로로 독일에서 열린 '우먼스월드어워즈'에서 '세계여성 성취상'을 수상했으며, 영국 왕실은 그녀에게 대영제국 국민훈장을 수여했다. 또한 자서전 《앨리슨 래퍼 이야기》가 책으로 베스트셀러 반열에 오르기도 했으며, BBC 등 방송을 타면서 대중적 인기를 얻었다. 앨리슨 래퍼는 한국에도 방문한 적이 있는데, 그녀의 밝은 미소는 아직도 잊히지 않는다.

인생에는 수많은 역경이 존재한다. 이러한 역경을 어떻게 받아들이느냐에 따라 한 사람의 인생과 운명이 어떻게 바뀔 수 있는지를 앨리슨 래퍼는 우리에게 너무나도 잘 보여주고 있다. "밀로의 비너스도 팔이 없지 않으냐?"는 그녀의 당당함에서 우리는 '살아있는 비너스'를 볼 수 있다. 역경에 좌절하며 그것을 '걸림돌'이라고 한탄하면서 살아갈 것인가? 아니면 역경을 극복하고 그것을 오히려 '디딤돌'이라고 생각하며 운명을 뛰어넘어 빛나는 삶을 살 것인가는 오로지 자신의 생각에 달려 있다. 이러한 측면에서 좌절하지 않는 영혼의 소유자 앨리슨 레퍼는 이 시대 우리들의 거대한 영웅이자 살아있는 비너스로서 진정한 아름다움이 무엇인지를 보여주고 있다. 엘리슨 래퍼의 속삭임이 들리지 않는가?

"현실이 힘들다면, 나를 봐라!"

960번 넘어지고 다시 일어난 도전

 흔히들 '성공'의 반대말이 무엇인지 물으면 '실패'라고 답한다. 물론 틀린 답은 아니다. 그러나 관점을 조금 달리하면 '성공'의 반대말은 '포기'이다. 포기하면 절대로 성공할 수가 없으며, 그 어떤 일도 일어나지 않기 때문이다. 반대로 도전하고 포기하지 않으면, 불굴의 의지와 신념으로 성공의 길을 향해 앞으로 나아갈 수 있다. 그러하기에 인생에 있어서 도전하지 않는 것이야말로 가장 큰 실패인 셈이다. 도전하지 않음으로써 자신에게 올 수많은 황금 기회를 스스로 내동댕이치는 결과를 초래하기 때문이다.

 전라도에 사는 '차사순' 할머니는 운전면허 시험에서 5년에 걸쳐 960번의 시도 끝에 면허를 취득했다. 그녀에게 있어서 69세라는 고령의 나이는 전혀 제약사항이 아니었다. 오히려 목표를 향해 포기하지 않고 집념과 끈기로 마침내 소중한 결실을 거두었다. 차사순 할머니의 감동적인 이야기는 〈뉴욕타임즈〉 등 해외 언론에 소개되기도 했다. 960번은 별것 아니라며, 에디슨은 3,000번이라고 오히려 위안 삼는 차사순 할머니! 운전면허 획득 후 이제 그녀의 이름대로 '**차**를 **사**는 **순**서'가 되어 버렸다.

코로나로 지친 지구촌을 응원하는 K-POP 콘서트에서 필자는 연예인 안젤리나 다닐로바와 함께 사회를 보았는데, K팝 스타 브레이브걸스와 인터뷰하는 시간이 있었다. 역주행의 아이콘이 된 원동력이 무엇인가라는 질문에 브레이브걸스는 "포기하지 않았다"고 이야기했다. 그렇다. 포기하지 않으면 해내는 것이다. 한 달이 걸리든, 일 년이 걸리든, 십 년이 걸리든 해내면 그만이다.

커널 샌더스는 66세라는 나이에 우리에게 익숙한 KFC를 창업했다. KFC 매장 앞 안경을 쓰고 있는 흰색 양복 차림의 유명한 마스코트가 바로 커널 샌더스이다. KFC 설립 전에 그는 철도노동자, 보험판매원, 농부 등 다채로운 직업을 거쳤다. 자신의 레시피를 써줄 식당을 찾아 이 식당, 저 식당 다니며 영업을 하기도 했다. 그리고 마침내 1,008번의 거절을 받고 1,009번째 계약을 성사시키며 치킨 제국 KFC의 기념비적인 역사를 시작한다. 커널 샌더스가 66세임에도 불구하고 KFC 사업에 도전하지 않았다면? 그리고 1,008번째에서 '이건 도저히 안 된다' 하면서 포기했다면 어떻게 되었을까? 커널 샌더스에게 1,008번은 1,009번째의 성사를 위한 준비 과정이었던 것이다. 우리나라 산업경제의 한 획을 그은 현대 정주영 회장의 "시련은 있어도 실패는 없다"와 "이봐, 해봤어?"라는 말에서도 성공을 위한 '도전'과 '포기'하지 않는 것의 중요성을 새삼 느낄 수 있다.

차사순 할머니, 커널 샌더스의 사례에서 보듯이 이 세상에서 가장 큰 선물은 '자기 자신에게 기회를 부여하는 것'이다. 스스로 기회를 부여하지 않는다면, 너무나도 안타깝게도 아무 일도 일어나지 않는다. 절호의 기회가 사라지는 것도 모르는 채 말이다. 지금 바로 여러분 스스로에게 기회를 부여하자. 반드시 좋은 일들이 펼쳐질 것이다.

노숙자에서 월가의 별이 될 때까지

내가 태어난 것부터가 실패야!

나는 노숙인이지만 희망이 없는 것은 아니다 I am homeless, but not hopeless.

크리스 가드너의 인생 여정은 월스트리트의 전설로 통한다. 미혼모에게서 태어난 크리스 가드너는 폭력적인 계부에게 온갖 학대를 당했는데, 가드너의 어머니 또한 마찬가지였다. 견디지 못한 어머니는 계부를 죽이기 위해 집에 불을 질러 감옥에 갇혔고, 그의 인생에 버팀목이 되어준 외삼촌은 어느 날 익사했다. 그의 부인마저 집을 나갔고, 가드너는 집세를 못 내 노숙을 하는 상황에 직면했다. 절망과 실의에 빠진 그는 강에 빠져 죽으려고 했다가 새로운 인생을 다짐하게 된다.

이때부터 그의 인생이 바뀌기 시작했다. 어느 날 큰 건물을 지나다가 나오는 사람들의 얼굴에 환한 미소가 가득해서 궁금

하던 차에 그의 앞에 페라리 한 대가 멈춘다. 잘 차려입은 신사가 내리길래 가드너는 초면의 실례를 무릅쓰고 다가가 "당신의 직업이 무엇이고, 이토록 성공한 비결이 무엇입니까?" 하고 물었다. '주식중개인'이라는 이야기를 들은 가드너는 향후 그 멋진 신사 같은 주식중개인이 되겠다는 꿈을 꾸며 인턴으로 일하기 시작했다.

혹독한 노력을 거듭하면서 마침내 가드너는 '가드너리치앤드컴퍼니'를 설립했고 글로벌투자회사로 발돋움하며 억만장자가 되었다. 노숙자에서 인생역전이 된 것이다. 가드너의 이 눈물겨운 이야기는 영화로도 만들어졌다. 윌 스미스가 그의 실제 아들인 제이든 스미스와 함께 출연해 화제가 된 〈행복을 찾아서〉가 바로 그 영화이다.

가드너는 전 세계를 돌면서 "스스로에게 할 수 없다고 하지 말라"는 문장을 강조했다. 만약 가드너가 절망적인 상황을 비관하며 자신에게 성공할 수 있는 기회를 주지 않았다면 어떻게 되었을까? 누구도 가드너라는 이름을 기억하는 사람은 없었을 것이다. 죽을 용기를 살고자 하는 희망으로 바꾼 가드너는 힘들고 지친 나 자신을 일으켜 세울 수 있는 용기와 희망을 선사해주고 있지 않은가?

우리는 힘들고 어려우면 절망하고 좌절하고 포기하며 자신을 한탄하기도 하고, 때로는 세상을 미워하기도 한다. 하지만 가드너는 형언하기 어려운 고통 속에서도 의연하게 자기 자신에게 기회를 부여함으로써 '노숙자에서 억만장자'로, '불행한 인생'을 '행복한 인생'으로 바꿔 빛나는 삶을 영위하게 되었다.

삶이 힘겨운가? 그렇다면 지금 당장 〈행복을 찾아서〉라는 영화를 보면서 이 세상에서 가장 큰 선물인 나 자신에게 기회를 주면 어떨까?

1미터 더 깊게, 1초 더 오래

　1849년은 미국 서부에서 금이 유독 많이 쏟아져 '황금의 해'라고 불렸다. 이러한 흐름을 타고 한 청년이 일확천금의 꿈을 꾸며, 캘리포니아의 금광을 사고 채굴을 하기 시작했는데, 파고 또 파도 금은 나오지 않았다. 이내 허탈함에 빠진 청년은 급기야 금광을 다른 사람에게 팔아넘겼다. 그런데 이게 웬일인가? 새로 구입한 사람이 청년이 채굴을 멈춘 지점에서 1미터를 파고 들어가자 금이 마구 터져 나왔다. 만약 청년이 하루, 아니 1시간, 아니 1분을 더 사용하여 1미터를 더 팠다면 노다지는 그 청년의 몫이 되었을 것이다. 성공은 바로 코앞에 있었다. 바로 1미터 앞에서 말이다. 성공은 실패라는 생각의 1미터 바로 뒤에 있음을 우리는 한시도 잊어서는 안 된다.

　2022 항저우 아시안게임에 출전한 대한민국 롤러스케이트 남자 대표팀이 3,000m 계주에서 1등으로 결승선을 들어오

고 있어서 금메달이 확실시되고 있었다. 그러나 최종 결과는 0.031초 차이로 대만에 역전을 허용하며 은메달이 되었다. 결승선 코앞에서 도대체 무슨 일이 벌어진 것일까?

마지막 대한민국 주자가 선두를 달리며 결승선을 통과하기 직전에 허리를 펴고 두 팔을 번쩍 들어 올리며 일종의 '금메달 획득'이라는 세리머니 동작을 취하는 사이에, 대만 선수가 한쪽 발을 쭉 내밀며 최종적으로 결승선을 먼저 통과했다. 우승이라고 생각하고 태극기 세리머니에 나섰던 우리 선수들은 당혹함이 역력했다. 그도 그럴 것이 경기결과는 0.031초 차였다.

메달 색깔과 상관없이 먼저 그토록 혼신을 다해 준비했던 우리 선수들에게 감사의 말과 너무나도 자랑스럽다는 말을 전하고 싶다. 다만 금메달 실력을 지니고 있으면서도 은메달에 그쳤기에 4년 내내 이 경기를 준비하고 기다렸던 선수들의 속상함을 생각하면 무슨 말이 위로가 되겠는가?

그렇다. '최후 1미터'이다. '희망'은 결코 당신을 버리지 않는다. 당신이 희망을 버릴 뿐이다. '이 정도면 됐다'에서 '한 걸음만 더!' 끝날 때까지 끝난 것이 아니니 절대 포기하지 말라. 장벽에 부딪히거든, 그것은 나에게 절실함을 물어보는 장치에 불과하다는 것을 잊지 말자.

반드시 밀물 때가 온다

철강왕 앤드루 카네기는 1835년 스코틀랜드의 가난한 집안에서 태어났다. 가정 형편상 학교에 가기보다는 어려서부터 여러 가지 일을 하기 시작했으니 '가난한 소년 노동자'로서의 모습이 그의 유년 시절이다. 그의 정규과정은 초등학교 4년이 전부였다. 그러나 그는 도서관에서 책을 읽으며 꿈을 키워나갔다. 어찌 보면 도서관이 카네기에게는 '인생 대학' 그 자체였다고 볼 수 있다. 공공도서관이 수여하는 학사 같은 정식 학위는 없지만, 도서관은 진정 지식과 지혜와 통찰을 익히고 인문, 사회, 과학, 기술, 예술의 통섭적 사고를 배우는 '살아 숨 쉬는 대학'이었던 셈이다.

이후 사업적 재능과 수완이 탁월했던 카네기는 방적공, 기관 조수, 전보 배달원, 전신기사 등 다양한 직업을 거치면서, 마침내 철강사업에 뛰어들어 부를 축적하기 시작했다. 갑부라는 사실은 익히 알려져 있지만, 과연 카네기의 부는 어느 정도였을까? 미국의 잡지 〈포브스〉에 따르면 카네기의 전성기 때 재산을 현재로 환산해보면 3,720억 달러(한화 450조 원)였다. 이는 빌 게이츠(1,100억 달러)보다 3배가 넘는 천문학적인 수치로, 역사적으로도 세계 최고 갑부 중의 한 사람인 셈이다. 기차역에서 심부름하던 소년이었지만, 세계적인 철강기업인 'US 스틸'의 모태가 된 기업 회장이 됨으로써 카네기는 입지전적인 인물로 부상했다. 또한 카네기가 10대 때 가족이 펜실베이니아 피츠버그로 이민을 갔기에, 카네기는 아메리칸드림의 대표적인 아이콘이기도 하다.

자수성가하여 부를 축적한 카네기는 미국의 근대 자본가로서 이후 기부 활동을 전개하는데, 기부 역시 저돌적으로 하면서 미국 사회에 '자선재단' 및 '기부문화'를 크게 꽃피웠다. 카네기는 매우 독특하게 공공도서관 건립을 지원하는 재단을 설립하여 무려 2,500개의 공공도서관을 지었다. 자신이 매우 어려웠던 시절에 도서관에서의 독학 경험이 기부에 영향을 많이 주었을 것이다. 1920년대에는 미국 도서관의 절반이 그의 기부로 지어질 정도로 미국 내 도서관에서 카네기를 빼놓고는 얘기할 수 없다. 또한 카네기의 '자선재단'은 이후 미국 사회에

록펠러재단, 포드재단 등의 효시가 된다. 뿐만 아니라 카네기는 미국 과학기술의 발전을 위해 카네기멜론대학교를 설립하기도 했다.

한편 세계적인 음악가들이 공연을 하고 싶은 꿈의 무대인 카네기홀과 워싱턴 D.C에 있는 싱크탱크인 카네기 국제평화재단 및 네덜란드 헤이그에 있는 국제사법재판소 건물 역시 그의 기부의 산물이며, 뉴욕 스미소니언 디자인박물관도 철강왕 앤드루 카네기의 저택이었다.

철강왕 앤드루 카네기 집무실에는 그림이 하나 걸려 있었는데, 썰물에 떠밀려 갯벌에 버려진 듯한 매우 볼품없는 나룻배가 그려져 있는 그림이다. 이 그림에는 "반드시 밀물 때가 오리라"라는 글씨가 적혀 있다.

카네기는 인생 전반부에 그 어떤 고난과 역경에 아랑곳하지 않고, 그림의 글귀를 마음속에 새기며 세계적인 부호에 올랐으며, 인생 후반부에는 "부자인 채로 죽는 것은 정말 부끄러운 일이다"라는 명언을 남기며 천문학적인 그의 재산 90%가량을 사회에 환원했다. 개인의 부를 공공의 축복으로 여기며, 기부는 '의무'이자 '명예'로 생각한 카네기! 그가 철강왕이면서도 존경받는 이유가 여기에 있으며, 이는 오늘날 우리 사회에도 시사하는 바가 크다.

    대한민국에서도 살아 숨 쉬는 대학인 도서관에서 책을 읽으며 꿈을 키우는 '수많은 카네기'가 탄생했으면 한다. "반드시 밀물 때가 오리라"는 카네기의 외침이 들리지 않는가? 아울러 도서관에 통 큰 기부를 하는 '한국의 카네기'가 나왔으면 한다. 한 국가의 과거를 보려면 '박물관'으로 가고, 미래를 보려거든 '도서관'을 가보라는 말을 되새겨보자.

희망과 현실 사이, 삶을 노래하다

인생은 고해苦海라는 말이 있듯이, 우리는 삶을 살아감에 있어서 수많은 희로애락 속에서 어려움과 난관을 만난다.

스톡데일Stockdale은 베트남전쟁에서 포로가 되어 1965년부터 1973년까지 8년간 수용소 생활을 하면서 마침내 생존한 미국 장교이다. 여기서 주목할 것은 이 수용소에서 죽음을 맞이한 사람들은 크게 두 가지로 나뉘었다는 사실이다. '석방될 리가 없다, 희망이 없어'라고 상황을 한탄했던 '지나친 비관론자'들이 그 첫 번째 그룹이고, 두 번째 그룹은 '막연히 크리스마스 때는 나가게 될 거야', 시간이 흘러 '부활절, 그리고 다시 추수감사절에는 나가겠지' 하면서 상실감 속에서 죽음을 맞이한 '막연한 낙관론자'였다.

그렇다면 스톡데일은 어떻게 생존했을까? 살아서 돌아온 비결을 묻는 기자들의 질문에 스톡데일은 "미래에 대한 희망을 유지하되 현실을 낙관하지 않았기에 살아남을 수 있었다"라고 대답했다. 스톡데일은 한마디로 '합리적 낙관주의자'였다. 합리적 낙관주의란 '미래는 낙관하되 냉혹한 현실을 직시하는 것'이다. 현실에 기반을 둔 합리주의와 미래 지향적인 낙관주의가 공존하는 역설이기에, 이를 '스톡데일 패러독스'Stockdale Paradox라고 부른다. 즉 우리가 삶을 살아감에 있어서 닥친 시련이나 걸림돌 그 자체를 바꿀 수 없지만, 시련에 대한 자신의 '태도'는 선택할 수 있으며, 그 선택에 따라 삶이 바뀌고, 사람의 운명이 바뀔 수 있다는 것이다.

이러한 삶의 태도에 있어서 빅터 프랭클을 언급하지 않을 수가 없는데, 빅터 프랭클은 1905년 오스트리아 출신 정신과 의사이자 홀로코스트 생존자이다. 나치 수용소에서의 수감 경험을 바탕으로 쓴 책이 바로 그 유명한 《죽음의 수용소에서》이다. 그는 강제수용소를 거치면서 부모와 아내를 잃는 가혹한 상황을 맞이하기도 했다. 죽은 사람들의 연기가 유령처럼 피어오르는 가스실, 손가락 하나로 삶과 죽음이 갈리는 끔찍한 나날을 보내며, 인간의 존엄성이라고는 찾아볼 수 없는 죽음의 수용소에서 빅터 프랭클은 어떻게 생존할 수 있었을까? 한마디로 요약하면 그는 '삶의 의미'를 끝까지 놓지 않았다. 빅터 프랭클은 "삶의 의미를 발견한 사람은 그 어떤 고통도 견딜 수 있다"고 말했으며, 강제수용소에서의 경험을 토대로 '제3 빈학파'라 불리는 로고테라피(의미치료)학파를 창시했다.

인간에게서 모든 것을 빼앗을 수는 있어도 '인간의 자유', 즉 주어진 역경과 환경에서 자신의 태도를 결정하는 '자유'만은 빼앗아 갈 수 없다는 것을 빅터 프랭클은 여실히 보여주었다. 니체 또한 "삶의 의미를 알면 어떤 상황도 이겨낼 수 있다"고 말하지 않았던가.

지금, 이 순간 잠시 책을 내려놓고 차분히 우리들 인생을 떠올려 보자. "그대를 벼랑 끝으로 내모는 것은 '상황'이 아니라 바로 '당신' 스스로다"라고 한 빅터 프랭클의 말을 새기면서, '이생망'(이번 생애 망했다), '헬조선' 등을 벗어던지고 '삶의 의미'를 향해 거침없이 나아가 보자.

죽음! 신이 인류에게 준 최고의 선물

 신이 인류에게 준 최고의 선물이 무엇이냐고 묻는다면, 어떤 단어가 떠오르는가? 여러 가지가 있겠지만 필자는 '죽음'이라고 주저하지 않고 이야기하고 싶다. 죽음과 마주 앉아 보아야 "인생을 어떻게 살 것인가?"에 대하여 그냥 '머리'로 '인식'하는 것이 아닌, '가슴'으로 오롯이 느낄 수 있기 때문이다.

 여러분과 미니 실습을 해보자. 지금 당신이 죽음을 맞이한다면? 물론 가정을 하는 것이니 그 어떤 오해도 하지 않았으면 한다. 자! 여러분의 뇌리에 무엇이 스쳐 지나가는가? 사람? 관계? 말? 행동? 하고 싶었던 것? 등등 여러 가지 생각이 순간적으로 마치 폭포처럼 떠오를 것이다. 그럼 떠오른 것 가운데 가장 아쉽거나 가장 후회하는 것 딱 3가지만 적어보자. 아마도 소위 "~ 할 걸"이라고 표현되는 내용일 것이다.

 다이너마이트로 부를 창출하던 알프레드 노벨 역시 "죽음의 상인, 알프레드 노벨이 죽었다"라는 언론사의 부고 기사 오류로 인해 죽음에 대해서 생각했다. 노벨은 이를 통해 어떤 사람으로 세상에 기억될 것인가라는 생각에 '노벨상'을 제정했다. 그럼으로써 알프레드 노벨은 죽었지만, 영원히 우리 곁에 살아있다. 바로 이것이 역설적인 죽음의 힘이며, 우리가 죽음을 생각해야 하는 이유이다.

스웨덴 스톡홀름에 가면 소나무 숲이 가득한 '우드랜드'라는 공원이 있다. 아름다운 자연풍경 속에서 다람쥐들이 뛰어다니고, 사람들이 산책을 하며, 수많은 외국 관광객들에게는 인기 방문지로서 그 역할을 톡톡히 하고 있다. 그런데 놀라지 마시라! 실은 이곳은 '공동묘지'이다. 보다 정확히 표현하면 '묘지공원'이라고 표현해야 할까? 세상에나! 북유럽을 대표하는 최대 규모의 세련된 도시인 스톡홀름에 '공동묘지'가 있다니? 잘 믿기지 않을 것이다. 더구나 이곳은 유네스코 세계문화유산으로 지정된 매우 특별한 곳이기도 하다.

우리와는 너무 대조적이지 않은가? 한국 사회에서는 보통 '죽음'이라는 단어 자체를 꺼리는 편이다. 죽음 하면 보통 공포, 두려움, 우울, 슬픔 등을 연상하고, '공동묘지' 하면 혐오스럽고 무섭고 으스스한 이미지가 먼저 떠오르며, 보이지 않는

막연한 두려움에 기피하고 싶은 마음이 들기 때문이다.

우드랜드는 20세기 초에 국제 공모전을 통해 스웨덴을 대표하는 건축가인 '아스플룬트'와 '레베렌츠'가 함께 설계했다. 당시 국제 공모를 실시했다는 것 자체도 놀랍다. 그렇다면 우드랜드는 왜 그토록 인기가 있는 것일까? 한마디로 답을 한다면, 역설적으로 '죽음'을 품고 있기 때문이다. 푸른 기운이 가득한 숲속을 걸으며 죽음과 대화하는 시간이 주어지고 있다고 해야 할까? 우드랜드는 죽은 이들은 안식하고, 살아있는 자들은 성찰을 하는 곳이다. 그리고 어떻게 살아가야 할지에 대한 깨달음을 주는 곳으로서 삶과 죽음이 동시에 존재하는 자연스러운 공간이다.

이제 죽음이라는 단어를 기피하지 말고, 죽음과 마주 앉아 지금까지의 삶을 돌이켜보면서 앞으로 어떻게 살 것인가를 생각하면 어떨까? 기억하자. 죽음은 신이 우리에게 준 최고의 선물이라는 것을. 그리고 더욱 눈부신 삶을 향해 나아가자.

우리 안에 살아있는 악의 평범성

'악의'가 없어도 '악인'이 될 수 있다면?

2차대전 당시 나치가 자행한 유대인 학살의 책임자 아돌프 아이히만의 이야기이다. 1961년 이스라엘 재판소에서 아이히만이 법정에 섰다. 재판에 참석한 사람들은 수백만 명을 죽음에 이르게 한 살인마 아이히만의 모습에 놀라움을 감출 수 없었다. 법정에 선 아이히만은 사악한 악마 같은 괴물 또는 사이코패스의 모습이 아닌, 너무나도 평범한 인상을 지니고 있었기 때문이다. 이뿐만이 아니라 아이히만은 시종일관 침착한 태도를 보였고 재판장에서 진술하는 어조도 차분했다. 재판현장을 지켜보던 사람들은 아이히만이 살인마라고는 전혀 생각할 수가 없었다.

그런데 정작 사람들을 엄청난 충격에 몰아넣은 것은 그의 법정 진술이었다. "저는 상부가 시키는 일을 성실히 수행했을

뿐입니다. 나치 정권 독일에서 히틀러의 말은 곧 법이었습니다. 법을 준수하는 것은 공직자가 당연히 지켜야 할 덕목입니다." 그러면서 자신의 상관이 지시한 사항들을 성실히 이행했을 뿐이라고 일관했다. 나아가 월급을 받으면서 일을 제대로 하지 못했다면 양심의 가책을 느꼈을 것이라고 진술했다. 이럴 수가! 그는 본인의 참혹하고도 끔찍한 행위에 대해 일말의 죄책감이나 죄의식을 전혀 갖고 있지 않았다. 오히려 그는 "저는 잘못이 없습니다. 단 한 사람도 제 손으로 죽이지 않았으니까요. 죽이라고 명령하지도 않았습니다. 제 권한이 아니었으니까요"라고 말했다.

참으로 어처구니없는 위 사례에서 우리는 '악의 평범성' Banality of Evil에 주목할 필요가 있다. '악의 평범성'은 독일계 미국인 정치철학자인 한나 아렌트가 1963년도에 《예루살렘의 아이히만》에서 제시한 것으로 모든 사람이 당연하게 여기고 평범하게 행하는 일이 '악'惡이 될 수 있다는 개념이다. 아이히만처럼 상관의 명령에 충실하게 복종하고 최선을 다했는데, 결국 아이히만에게 돌아온 것은 '악마', '악인'이라는 꼬리표였다.

그렇다면 왜 아이히만은 악인이 되었으며, 악은 무엇인가?

아이히만이 우리에게 "나는 어쩔 수 없었다, 열심히 살았을 뿐"이라고 외친다면 참으로 소름 끼치는 일이지 않은가? 아이히만 같은 평범한 사람이 악한 의도를 가지지 않아도, 평범하게 하는 일 중 무엇인가는 악이 될 수 있다. 우리도 삶을 살아가면서 직간접적으로 이러한 우(遇)를 범하는 것이 있지 않을까? 이처럼 '악'은 '특별한 무엇인가'가 아니라 우리의 '평범한 일상' 속에 매복하여 자라나는 성질을 가지고 있다.

아이히만이 악인이 된 결정적 원인은 바로 아무 생각이 없었기 때문이다. 이는 바로 '사유(思惟)하지 않는 천박함'에 기인하는데, 우리는 생각하지 않는다는 것이 얼마나 위험한 것임을 아이히만의 사례에서 알 수 있다. 타인의 고통을 헤아릴 줄 모르는 '생각의 무능'은 말하기의 무능을, 그리고 행동의 무능을 낳는 끔찍한 결과를 초래하는 것이다. 그래서 한나 아렌트는 "악은 생각하지 않는 것이며, 무관심하다는 사실을 깨우치려 하지 않는 '무관심'이야말로 악의 근원이라 할 수 있다"고 강조한다. 또한 일본의 철학자 나카지마 요시미치는 "최악의 악은 선하다고 자부하는, 귀찮아 하는 다수에 의해 탄생된다"고 했다.

우리는 진정 얼마만큼 사유하며 살아갈까? 사유하지 않음으로 본의 아니게 타인에게 해를 끼친 일은 없을까? 악은 자칫 평범한 일상이 될 수 있으니, 이제부터 정신 바짝 차리고 사유하자! 생각할 때 비로소 나 자신이 이 세상에 참되게 존재할 수 있다.

2장

내면을 비추는 작은 변화들

《공감하는 능력》의 저자인 로먼 크르즈나릭에 따르면
공감은 인간성의 정수이자 인간관계의 핵심이다.

감사는 삶을 바꾸는 연금술

로마의 철학자 키케로가 인간의 모든 덕목 가운데 최고의 덕목으로 주목한 것은 무엇일까? 그것은 다름 아닌 '감사'다. 감사는 어린 시절부터 귀가 따갑도록 들어서 아무런 설렘이나 감흥이 없는 흔한 단어다. 하지만 지금 우리는 이 흔해 빠진 감사의 근본적인 위대함에 대해 진지하게 생각해야 할 만큼 간절하고 절박한 상황에 처해 있다.

지금 대한민국은 수많은 대립과 갈등이 난무하고, 행복 관련 지수들은 경제협력개발기구^{OECD} 국가들 가운데 꼴찌 수준이다. 그만큼 삶이 행복하지 않고 스트레스가 높다고 볼 수 있다. 이러한 난국을 헤쳐나갈 수 있는 돌파구는 무엇일까? 그중 하나가 바로 '감사의 실천'이라는 사회적 자본 축적이다.

로버트 A. 이먼스를 비롯한 심리학자들의 연구에 따르면 감사하는 사람은 행복하고 긍정적인 에너지를 지닌다. 하트매스 연구소 등의 의학적 연구에 따르면 분노, 좌절, 불안 등의 감정을 느낄 때 심장박동은 불규칙하며 심장과 뇌의 교신을 방해하고, 혈압을 올리고 면역계를 약화시킨다. 그러나 감사의 감정은 심장박동을 규칙적으로, 그리고 매끄러운 리듬을 만들어 가장 이상적인 감정 상태를 유지하는 원동력이 된다. 신경과학계는 최근 감사하는 마음과 관련된 유전자(CD38)의 변이형태를 발견했는데, 이런 변이 유전자를 지닌 사람들은 긍정적이다.

이러한 감사는 개인뿐 아니라 감사경영 등 기업 단위에도 접목되어 흥미로운 결과들로 이어진다. 감사는 긍정심리자본 Positive Psychological Capital을 활성화하는 촉매제가 될 수 있기 때문이다. 프레드 루선스가 제시하는 긍정심리자본은 희망Hope, 효능감·자신감Efficacy, 회복력Resilience, 그리고 낙관주의Optimism 등 네 가지 요소로 구성돼 있고, 이 네 가지 요소는 감사를 실천하는 사람들에게서 볼 수 있는 전형적인 특성들이다. 이처럼 활성화된 긍정심리자본은 조직 구성원의 잠재력을 최대한으로 발휘시키고 동기부여를 불러일으키며, 기업 경영성과를 획기적으로 개선할뿐더러 회사를 행복한 놀이터로 바꿀 수 있는 엄청난 힘을 지니고 있다.

이처럼 위대한 힘을 지니고 있음에도 감사를 실천하기 어려운 이유는 무엇일까? 감사에 대해 익히 잘 알고 있다는 착각, 그 자체가 문제의 원인이다. 감사는 그냥 주어지는 것이 아니라 스스로 선택하는 삶의 자세이자 의식적인 선택이며, 나의 마음이 외부의 힘에 의해 좌지우지되지 않는 매우 적극적인 자세를 의미한다.

따라서 이를 위해서는 훈련이 필요하고 습관화를 통해 보이지 않는 '감사근육'을 키워야 한다. 그럴 때 비로소 '감사능력'이 생기는 것이다. 반복적으로 체력훈련을 통해 운동 근육과 능력을 키우는 것과 같은 이치라고 볼 수 있다. 가난하고 불행했던 오프라 윈프리의 삶을 송두리째 바꿔 놓은 것은 그녀의 '감사일기'다. 감사의 위대한 힘이 아닐 수 없다.

그녀는 "내 인생에서 어떤 일이 일어나든 감사하는 법을 배웠을 때 기회, 사람들과의 관계, 부까지도 내게로 다가왔다"라고 했으며, "나는 감사한 마음을 통해 어떤 상황이든 바꿀 수 있다. 감사하는 것은 일상을 바꾸는 가장 빠르고 쉬운 방법"이라고 강조했다.

매일같이 감사한 일을 쓰자. 주변의 모든 것에 대해 감사할 일들은 한두 가지 아닐 것이다. 감사한 일을 매일 쓰게 되면, 어느 순간 감사한 일을 찾아다니면서 삶의 긍정성과 적극성이 발휘되는 묘한 매력을 느낄 것이다. 그전에는 보이지도 않고 느껴지지도 않았던 소중한 것들의 존재를 인지하게 될 것이다.

이제 감사라는 매우 사소하게 보이는, 그러나 상상할 수 없는 위대함을 지닌 '감사의 실천'으로 중무장해보자. 오늘부터 당장 대한민국 국민 모두 하루에 다섯 가지씩 감사한 내용을 노트에 써 보면 어떨까? 삶의 신비로운 변화를 느끼게 해 줄 것이다. 이제 감사를 선택하자.

쉼표의 미학, 삶을 채우는 휴식

요즘 사람들은 너무나도 바빠서 시간이 없다. 친한 사람과 전화로 "밥 한번 먹자"고 해놓고는 1년이 훌쩍 지나기도 한다. "시간 없다"가 수시로 튀어나온다. 게다가 시간에 쫓기고 업무에 치여 만성피로에서 헤어나지 못하고 있다. 진정 우리는 무엇을 향해 이리 달려가고 있는 것일까?

잠시 '시간'에 대해서 생각해 보자. 비행기, 전화기가 없던 시절에 비해 현대사회는 최첨단 과학기술에 힘입어 비행기, 철도, 자동차를 이용하여 비약적으로 시간을 단축할 수 있었으며, 전화, 이메일, 컴퓨터, 자동화 등으로 업무를 보다 효율적으로 수월하게 수행함으로써 생산성도 꾸준히 향상시켰다. 이처럼 과거에 비해 업무시간 단축이 비약적으로 이루어졌으면, 일하는 시간이 대폭 줄어들어 시간이 남아야 하는데, 오히려 시간에 쫓기고 더 바쁘다. 인생 '80살'이라고 생각하면, 주어지는 시간이 무려 '70만 시간'인데, 우리는 '시간'을 진정 무엇을 위해 어떻게 쓰고 있는 것일까?

눈코 뜰 새 없어 맑은 하늘 한번 바라볼 틈도 없이 허덕임과 조급함에 정신없이 바쁘게 살아가는 우리네 인생! 이 시대는 그야말로 '피로 가속화 사회'이다. 재독 철학자 한병철은 그의 저서 《피로사회》에서 사람들은 더 잘할 수 있고, 더 성공할 수 있다는 '긍정'을 스스로 강요하면서 자신을 착취하고 있다고 강조한다. 왠지 쉬면 경쟁에서 뒤처질 것 같기에, 우리는 스스로 더욱 채찍질하며 피로에 휩싸여 하루하루를 살아가는 것은 아닐까? 그러하기에 우리 모두 휴식을 훔쳐 가려는 현대사회의 '피해자'이면서 의도치 않게 나 자신을 스스로 착취, 학대하는 '가해자'가 되어 가는 안타까운 모습을 잊고 있는지도 모른다. '휴식 결핍'을 마치 훈장처럼 '나 바쁜 사람이야!' 뿌듯해하면서 오늘도 브레이크 없는 자동차처럼 달린다면 어떻게 될까?

SNS에서는 번아웃과 더불어 토스트아웃 toast-out이라는 용어가 유행할 정도다. '토스트아웃'은 새까맣게 타버리기 전 토스트처럼 갈색빛을 뜻하는 의미로 현대인들의 일상화된 피로를 비유하고 있다. 예전에는 번아웃을 대수롭지 않게 그저 피로이겠거니 생각하는 때가 많았다. 하지만 세계보건기구 WHO는 번아웃 증후군을 '제대로 관리되지 않은 만성 직장 스트레스'로 규정했다. 이는 의학적 질병은 아니지만 제대로 알고 관리해야 하는 직업 관련 증상 중 하나로 인정한 것이다.

호시탐탐 우리의 휴식을 빼앗으려고 혈안이 되어 있는 현대사회에서 당신은 어떤 선택을 할 것인가? 시간은 늘 부족하다. 내일은 또다시 바쁘고 바쁨을 재촉하기에, 결코 휴식은 그냥 주어지지 않는다. 내가 선택하지 않는 한 영원히 내게로 오지 않는 묘한 녀석이다. 지금, 이 순간 나 자신을 관조해보자. 어떤 느낌이 드는가?

그런데 휴식하면 무엇이 떠오르는가? 사치스럽다거나, 아무것도 하지 않고 빈둥거린다거나, 또는 그저 일하지 않는 상태가 연상된다면, 이는 휴식에 대한 편견과 오해다. 아울러 휴식을 취하는 방식 역시 중요한데, 그 바쁜 시간 쪼개서 12시간 잠을 잤는데도 영 피곤이 풀리지 않는 경우도 있으며, 쉬어도 왠지 쉰 것 같지 않은 느낌이 들 때도 있지 않은가? 즉, 몸만 편히 쉬면 피로가 풀리는 것으로 생각할 수 있지만, 사실은 '뇌' 피로를 간과하는 경우가 허다하다.

한시도 쉬지 않고 일하는 과도한 경쟁 속에서 우리의 뇌는 피로로 가득 차 있을 가능성이 농후하다. 그런데 소파에 누워 채널을 돌려가며 TV를 본다든지, 술에 흠뻑 취하는 등의 수동적인 휴식 활동은 자칫 반쪽짜리 휴식이 될 가능성이 크다. 그 자체가 무의미하다는 것은 아니니 추호도 오해 없기 바란다. 다만 그 순간은 좋을 수 있으나 더 피곤해질 수 있다는 사실이다. 게다가 요즘 각종 디지털 기기와 휴대폰으로 인한 피로 역시 만만치 않다. 이처럼 무작정 쉰다고 해서 심신이 회복되는 것은 결코 아니다. 따라서 '의도된 휴식', '능동적인 휴식'이 녹여져야 비로소 최고의 휴식이 될 수 있다. 그래서 휴식은 '과학'이다.

메이저리그의 전설적인 홈런 타자 베이브루스는 "삼진은 홈런으로 가는 길"이라고 했다. 실제 그는 714개의 홈런포를 쏘았지만, 무려 1,330번의 삼진이 있었다는 사실을 사람들은 잘 모른다. 마찬가지로 각 분야 최고가 되기 위해서는 '1만 시간'의 부단한 노력이 필요하다는 이야기를 많이 들었을 것이다. 그런데 세계 최고가 되려면 1만 시간의 고된 연습과 1만 2,500시간의 '의도적인 휴식'이 필요하다는 것을 아는가? 이에 필자는 "휴식은 성공으로 가는 지름길"이라고 감히 이야기하고 싶다.

우리는 인공지능 시대, 4차 산업혁명 시대에 살고 있다. 이 시대에 가장 필요한 것 중의 하나는 바로 '창의'이다. 창의와 휴식은 매우 이질적인 단어 같지만, 동전의 앞뒤처럼 매우 밀접하다. 아르키메데스가 '유레카'라고 외치던 그 순간, 그리고 뉴턴이 만유인력의 법칙을 알아낸 그 순간을 보자. 과연 그 순간은 이들이 책상 앞에서 머리를 쥐어짜며 바쁘게 '일'하고 있는 순간이었을까? 아니다. 오히려 반대로 '휴식'을 취할 때였다.

아르키메데스는 머리를 식히기 위해 들어간 목욕탕에서 유레카를 외쳤으며, 뉴턴은 사과나무 밑에서 누워 있다가 떨어지는 사과를 보며 만유인력의 법칙을 발견했다. 여기서 유념할 것은 우연은 결코 그냥 오지 않는다는 사실이다. 늘 화두를 들고 있기에, 그만큼 간절하기에 이와 같은 일들이 절묘하게 생긴 것이다. 이뿐만이 아니다. 빌 게이츠는 일주일 동안 외딴 오두막에 틀어박혀 홀로 시간을 보내지 않는가?

영국의 처칠 수상은 휴식은 위대한 사상의 원천이라고 했다. 여러분들도 이런 유사한 경험이 있으리라. 이제 빛의 속도로 스며드는 통찰과 혜안뿐만이 아니라, 기상천외한 혁신의 돌파구를 마련해주는 인사이트 모먼트 Insight Moment 가 열리는 '휴식의 세계'를 거침없이 누비고 다녀보자.

많은 사람이 필자에게 진정한 휴식, 최고의 휴식이 무엇인가라는 자문을 구하곤 한다. 명상, 수면, 걷기, 멍 때리기, 낮잠, 마음챙김 등 다양한 것이 있을 수 있다. 하지만 그 무엇을 하든지, 자기 내면을 좋은 에너지로 채우는 '의식적 휴식'이 있어야 한다는 점을 기억하자. 제발 그냥 쉬지 말자.

한편 휴식을 일상생활에서 자주, 꾸준히 실천하는 것이 중요하다. 가령 매일 짧은 낮잠(시에스타), 아침 명상처럼 휴식을 습관화하자는 것이다. 다빈치를 천재로 만든 은밀한 습관은 바로 낮잠이었고, 세계 2차대전을 승리로 이끈 영국의 처칠은 "나는 영국을 살리기 위해 낮잠을 잔다"고 했다. 낮잠을 자러 가는 프랑스 시인 생풀루는 지금 "시상詩想이 작업 중"이라고 했을 정도이다. 돈 안 들이고 손쉽게 실천할 수 있는 데다가 효과는 그야말로 최고다. 하루하루 축적되는 휴식력休息力은 당신의 심신을 건강하게 하고 삶을 행복하고 윤택하게 만드는 만병통치약이 될 것이다.

삶의 노예가 아닌 삶의 주인으로 우뚝 서기 위해 이제부터 휴식을 거르지 말고 매일같이 휴식 한 끼 하자!

우동 한 그릇,
공감이 이끄는 마음의 혁명

 일본 '북호정'이라는 우동 집에 섣달그믐(12월 31일) 저녁에 어머니와 두 아들이 함께 손님으로 들어온다. 그리고는 이내 미안한 표정으로 우동 1인분(150엔)이 되냐고 주인에게 묻는다. 행색이 초라한 세 모자의 마음을 간파한 주인은 티 내지 않고 우동 한 그릇에 1.5인분의 우동을 넣어서 준다. 한 그릇 주문인데 세 그릇을 주면 손님의 자존심을 상하게 할 수 있다면서 주인은 세 그릇이 아닌 사려 깊은 '한 그릇'에 손님이 알아차릴 수 없을 정도만큼의 우동을 더 넣어 주었다. 세 모자는 주인의 따뜻한 마음이 담긴 다소 푸짐한 1인분 우동을 먹으며 행복한 시간을 보냈다. 다음 해에 세 모자는 다시 방문했는데, 주인은 가격이 오른 200엔 가격표를 치우고, 150엔인 옛 가격표를 테이블 위에 올려두었다. 세 모자 손님에 대하여 당신이 주인이었다면 어떻게 했을까?

이 이야기는 구리 료헤이의 소설 《우동 한 그릇》에 나오는 내용인데 '공감'과 '동정'은 어떻게 다른지, 그리고 진정 상대방의 마음을 헤아린다는 것이 어떤 것인지, 그리고 남을 위한다고 하면서 상대방의 자존심에 상처를 주지 않으려면, 어떤 마음가짐과 태도, 행동을 취해야 하는지를 가슴 뭉클하게 보여준다.

우리네 일상생활을 떠올려 보자. 사람들 간의 관계가 어디 호락호락한가? 오죽하면 직장에서 '일'보다도 '사람' 때문에 본의 아니게 상처를 주거나 받기도 하고, 괜한 오해를 사기도 하며, 분노를 못 참아 후회하기도 한다. 겉으로는 웃지만, 속으로는 울기도 하고, 우울, 스트레스, 인간관계에 따른 갈등으로 인해 속상하고 억울해서 밤새 잠 못 이루는가 하면, 심지어 '이직'도 불사하지 않는가? 보금자리인 가정에서조차 가장 가깝다는 가족들마저 때에 따라서는 내 맘 같지 않아 속 터지는 일들이 한두 번이 아니다. 상대방을 위해 얘기를 들어주다가 끝내는 상처 주고, 대화의 본질에서 벗어나 "어떻게 내게 그런 말을 할 수 있어?" 등의 엉뚱한 말다툼이 생기거나, 화내고 서로 감정만 악화되어 관계가 틀어지는 경우도 있다. 왜 이런 안타까운 상황들이 발생할까? 많은 경우 '공감결핍' 상태에서 일어난, 진정한 '소통'疏通이 아닌 '불통'不通이 원인이다. 인생에서 '공감소통'에 주목해야 하는 이유가 바로 여기에 있다.

미래학자인 제러미 리프킨은 《공감의 시대》에서 인간이 자연만물 중에서 가장 뛰어난 '공감능력'을 지니고 있기에 지배종이 되었다고 말하고 있는데, 이것이 바로 '호모엠파티쿠스'이다. 또한 《공감하는 능력》의 저자인 로먼 크르즈나릭은 '공감'을 인간성의 정수이자 인간관계의 핵심이라고 보았다. 세계적인 뇌심리학자 사이먼 배런코어는 타인과 교감하는 능력이 바닥인 '공감제로'를 '악'으로 보았다. 이처럼 '공감'은 바로 나 자신이 인간으로서 존재하는 이유이다.

소통이라고 하면 보통 말을 잘하는 것으로 생각할 수 있겠지만, 엄밀히 보면 소통능력은 '언어 구사 능력'이 아니라, 오히려, 경청, 표정, 태도, 자세, 상대에 대한 이해, 관심, 반응을 종합적으로 아우르는 '마음 연결능력'이다. 소통능력이 없는데 말만 번지르르하게 하는 것은 부질없다. 또한 말 자체는 틀린 말이 아닐지라도 말을 표현하는 방식의 부적절함은 상대에게 상처를 줄 수가 있다. 따라서 '직설적 비판, 충고, 설교' 등의 이성적 설득이 아닌 '친절한 조언'의 감성적 공감이 바람직하다. 설득은 '머리'로 접근해 '밖에서 문을 여는 것'이라면, 공감은 '가슴'으로 접근해 '안에서 문을 여는 것'이기 때문이다. 지시나 강요로는 변화를 이끌 수 없고, 인정, 공감을 받을 때 비로소 마음을 열고 스스로 움직인다. 이것이 '공감의 힘'이다. 이처럼 당사자 간의 '마음연결'이 안 되어 있으면, 그 어떤 소통의 '테크닉'을 지니고 있다 해도 소용이 없다.

감성지능의 대가인 대니얼 골먼이 《무엇이 리더를 만드는가》에서 영향력 있는 위대한 지도자들은 한결같이 감성지수인 EQ가 높은 사람들이라고 강조했듯이, 마음연결, 공감소통을 위해서는 첫 번째, '상대방에 대한 이해'가 중요하다. 즉 '그럴 만한 이유가 있을 거야'라는 신뢰의 향기 속에서 피어오르는 '경청하는 마음'을 지녀야 한다. '경청'은 적극적 소통으로서 수동적인 '듣기'와는 완전히 다르다. 또한 나의 경험과 잣대로 상대방을 잘 이해한다고 착각해서도 안 되고 섣불리 판단하고 선입견이나 편견을 지녀서도 안 된다. 상대방은 나와 다를 뿐이지, 틀린 사람이 아니라는 사실을 명심하자.

두 번째, '내 생각을 표현하는 것'인데, 많은 경우 경청하고 공감하며 상대방의 마음을 열었다가도 여기서 무너지기도 한다. 특히 '내가 무슨 말을 했느냐'가 아니라 '상대방이 무엇을 들었느냐'가 중요하다. 이 관점을 견지하지 않으면 소통의 벽에 자꾸 부딪힌다. 또한 대화에서 상대방의 본질적 욕구를 간파해야 한다. 왜 그 사람이 그 이야기를 하는지에 대한 본질을 꿰뚫어 보며, 상대방의 심정을 헤아려 '듣고 싶은 말'을 해야 한다. 예를 들어 회사에서 A 직원이 "회사 일이 너무 힘들다"고 하면 B 상사가 "나 때는 두세 배 더 힘들었어. 이건 아무것도 아니야"라고 반응하면 A는 어떤 느낌이 들겠는가?

아울러 당신이 하는 말, 즉 그 '입술의 10초'가 때로는 평생 혼신의 힘을 다해 이루어 놓은 당신 삶을 송두리째 빼앗고 파멸에 이르게 할 수도 있음을 매 순간 새기고 있어야 한다. 말이라는 것이 입 밖으로 나오기 전까지는 스스로 통제할 수 있지만, 일단 입 밖으로 나오는 순간부터는 내뱉어진 말이 거꾸로 나 자신을 규정하며 다스리기 때문이다.

한 가지 더! 언어적 표현보다는 비언어적 표현(표정, 몸짓, 자세 등)이 소통에 있어서 크게 작용하니 각별히 신경을 써야 한다.

그럼 이제 실습을 해보자. 여러분이 최근 겪었던 몇 가지 일들을 살펴보자. 필자가 강조한 사항들에 대해서 어떻게 했었는지를 영화필름처럼 생생하게 떠올려 보라. 그때 당시 어떻게 했었으면 바람직했을지 개선점들을 적어보자. 어떤가?

관계 결핍의 시대에 온갖 과열 경쟁과 디지털 기기의 소용돌이 속에서 공감의 중요성은 더욱더 부각된다. 따라서 나 자신의 '공감은행'Empahty Bank 계좌에 잔고가 어느 정도 있는지 살펴보아야 한다.

행복하고 싶은가? 그리고 성공하고 싶은가? 그럼 공감하라. '공감력'은 사회, 직장생활에서 가장 강력한 스펙이다. 이제 전 세계 또한 공감자본주의 Empathy Capitalism 라는 패러다임으로 공존과 번영을 이루어내야 하며, 지구촌 80억 명이 함께 호흡하는 '인류가족'을 향해 나아가야 할 때이다.

나를 빚는 루틴, 평범함 속의 위대함

'루틴'routine! 이 단어를 들었을 때 독자 여러분은 무엇이 떠오르는가? 루틴은 흔히 '틀에 박힌 반복되는 일상'이라는 부정적인 의미로 쓰일 때가 많은데, 우리는 종종 이를 대수롭지 않게 여기곤 한다.

그렇다면 왜 《멘탈의 연금술》의 저자인 보도 섀퍼는 "루틴을 가지면 실패할 틈이 없다"며 성공하는 사람들과 그렇지 못한 사람들의 가장 큰 차이에 있어서 수많은 단어를 제쳐두고 '루틴'을 꼽았을까?

'히트머신'이라 불린 메이저리그 야구선수인 스즈키 이치로는 어떤가? 그는 일과 휴식조차 초 단위로 관리할 정도로 루틴이 확고한 삶에 기반하여 전설적인 위치에 오른 사람이다. 그런 입지전적인 인물이 인터뷰에서 "당신의 꿈과 목표를 달성하는 방법은 오직 하나입니다. 바로 사소한 것들을 축적하는 것이죠"라고 말했다. 사소한 것들의 축적이라? 아리스토텔레스는 "반복적으로 무엇을 하느냐가 우리를 결정한다. 탁월함은 '행위'가 아니라 '습관'이다"라고 강조한 바 있다. 이 정도면 삶에 있어 '루틴'이라는 단어를 결코 만만하게 볼 것이 아니라는 느낌이 오지 않는가? 루틴에는 그냥 얕잡아 볼 수 없는, 결코 간과할 수 없는 심오한 그 무엇이 숨겨져 있다. 성공을 향해 끊임없이 정신없이 달려가는 우리들 삶에서 과연 '루틴'의 정체는 무엇인가?

  루틴을 한마디로 정의한다면 "스스로 목적을 가지고, 자신의 일상 속에 의도적인 지속적 노력에 의해 정착시킨 행동, 습관화된 시스템"이라고 말할 수 있는데, 일종의 '삶의 자동화'라고도 볼 수 있다. 예를 들어, 매일 아침 5시에 일어나서 15분 명상을 한다거나, 저녁 식사 후에 1시간씩 산책을 한다거나, 낮에 매일 20분씩 취침하는 것 등 꾸준히 반복하는 것을 일컫는다. 이처럼 루틴은 의식적, 의도적, 지속적인 노력이 수반되어야 하기에 생각보다 쉽지 않다. '작심삼일'이라는 말이 그냥 나올 리가 없지 않은가? 한두 번은 할 수 있겠지만 지속적으로 꾸준히 한다는 것은 대단히 어려운 일이다. 따라서 루틴이 사소해 보일지 몰라도, 그 축적된 힘은 기적과 탁월함을 만들어

내는 성공의 원동력이 되고야 마는 것이다.

19세기 스페인의 가장 위대한 바이올리니스트인 파블로 사라사테를 두고 사람들이 '천재'라고 부르자 사라사테는 이렇게 반응했다. "천재요? 저는 37년간 하루도 빠짐없이 14시간씩 연습한 것뿐인데…"라고 말이다. 어떤 특별한 대답을 기대했다면 허탈할 수도 있는데, 그의 천재성은 매일매일의 평범한 '루틴'의 축적이었던 셈이다. 비범함은 평범한 하루하루가 갈고 닦은 축적의 결과물이며, 평범함의 위대함은 바로 '루틴'을 통해 빛을 보게 되는 것이다.

루틴으로 인해 삶이 자동화되면 어떤 현상이 발생할까? 불필요한 행동이 없어지며, 시간을 전략적으로 배분하여 낭비할 틈이 없어진다. 나아가 내가 의도한 목표에 시간과 에너지, 열정을 온전히 쏟아부을 수 있으며, '몰입도' 또한 훨씬 높아진다. 몰입이론의 창시자인 칙센트미하이는 "창의적인 사람일수록 엄격한 자신만의 루틴을 지킴으로써 더 많은 시간적·정신적 여유를 누린다"고 말한다.

루틴은 때로는 힘들고, 때로는 귀찮고, 때로는 무기력할 때도 아랑곳하지 않고, 그것을 이겨내며 묵묵히 한발 한발 내디디며 성공을 향해 소리 없이 나아가게 해주는 비밀병기로서,

삶의 중심을 꽉 잡아준다. 사람은 근본적으로 불완전한 존재요, 본능적으로 쉽고 편한 것을 지향하는 존재이다. 누군가가 또는 무엇인가가 잡아주지 않으면 목적했던 삶에서 이탈 또는 포기하게 될 가능성이 매우 높다.

《부자습관》을 쓴 토마스 C. 콜리는 "부자들은 대부분 업무 시작 시간 3시간 전에 기상한다"고 이야기했다. 그도 그럴 것이 트위터의 창업자인 잭 도시는 새벽 5시에 일어나 명상과 운동을 하며, 영국의 재벌그룹인 '버진그룹'의 리처드 브랜슨은 '5시 45분'에 일어나는 '모닝루틴'이 몸에 배었다. 또한 매우 불우했던 환경을 극복하고 세계적인 스타로 등극한 오프라 윈프리는 '감사일기'를 쓰는 루틴으로 그녀의 인생을 바꾸었다. 그런가 하면 서양 근대철학을 종합한 독일의 철학자 칸트는 매일 오후 3시 30분이면 산책을 했는데, 마을 주민 사람들이 그가 산책하는 모습을 보고 시계를 맞췄다는 일화는 유명하다. 사람들은 칸트를 기념해 그 길을 '철학자의 길'이라고 부를 정도였다.

월가의 큰손 워런 버핏의 하루 루틴을 HBO 다큐멘터리 프로그램 〈워런 버핏이 된다는 것〉에서 소개했는데, 놀랍게도 "일어나서 맥도날드 햄버거 먹고, 콜라를 마시고 읽고 잔다"로 지극히 단순했다. 바쁘게 사는 사람들에게 "왜 그리 바쁘게 사느냐"며 경종을 울리는 듯하지 않은가? 다만 그는 하루에 독서 등 읽는 양이 500페이지가 넘을 정도로 매일 책 한 권 이상을 읽는 셈이니 무서울 정도로 지식과 지혜, 통찰을 축적하는 반복적인 삶을 영위해가고 있다. "부자는 시간에 투자하고 가난한 사람은 돈에 투자한다"는 워런 버핏의 철학을 엿볼 수 있는 대목이다.

유명한 소설가 무라카미 하루키는 새벽 4시 기상, 5~6시간 글쓰기, 운동, 9시 취침 등의 일상을 매일 반복하는데, 그는 "반복은 매우 중요합니다. 최면과 같은 것입니다. 더 깊은 내면으로 저를 이끌어 줍니다"라며 반복의 중요성을 이야기한다. 한국의 가수이자 프로듀서, JYP엔터테인먼트 설립자인 박진영은 철저한 자기관리를 통한 루틴으로 유명한데, 꿈을 이루는 데 가장 중요한 것은 하루하루 자기 자신을 관리하는 것이라고 강조한다. 또한 어느 방송 프로그램에서 "내 인생 전체를 바칠 만한 가치가 무엇이냐"를 찾아야 한다면서, "어떤 가치를 가지고 살 것인가. 'I want to live for (　　)'에서 빈칸에 무엇이 들어갈지를 찾아야 한다"고 말했다.

이뿐만이 아니라 단 1초라도 허투루 쓰지 않기 위한 치열함도 있는데, 의상루틴, 메뉴루틴 등이 그것이다. 스티브 잡스와 마크 저커버그는 늘 같은 스타일링을 고집할 정도로, 어떤 옷을 입을까 등에 시간을 할애하지 않았다. 마크 저커버그의 옷장에는 회색 면 티셔츠가 10벌 정도가 진열되어 있는가 하면, 박진영은 벨트 매는 그 사소한 시간을 줄이기 위해 고무줄 바지를 입는다.

여러분이 하루 24시간에서 의도적인 목적, 목표를 가지고 매일같이 반복적으로 하는 '루틴'은 무엇인가? 또한 24시간인 86,400초를 어디에 얼마만큼 쓰고 있는가? 철저히 하루를 보내고 있는지, 아니면 허투루 쓰고 있는지 소스라치게 놀랄 만큼 느껴지는 것이 있는가? 현대사회의 많은 사람이 다들 바쁘게 살아가지만, 인생에서 중요한 것은 '얼마나 바쁜가'가 아니라 '무엇에 바쁜가'이다. 생각하는 대로 살지 않으면 사는 대로 생각하게 될 수 있음을 기억하며, 지금 당장 당신의 루틴을 새롭게 조각하고 실천하자. 그렇다면 벌써 당신은 성공의 문에 들어온 '주인공'이다.

당신의 언어 온도는?

교육부의 학교폭력 실태 조사(2024년 1차 전수조사)에 따르면 신체폭력이 17.3%인 반면에 언어폭력이 무려 39.4%로 가장 높은 비중을 차지했다. 지난해 한 조사에선 직장인 62%가 직장 내 괴롭힘을 경험했다고 응답했는데, 이 중 언어폭력이 46%로 가장 많았다. 이러한 언어폭력으로 지금, 이 순간에도 이직이나 자살하고 싶은 마음을 지니거나 심한 우울증에 시달리고 있는 사람들이 있을 것이다.

이처럼 언어폭력은 상대방의 마음과 영혼에 씻을 수 없는 상처와 아픔을 남긴다. 그러하기에 비트겐슈타인은 "말은 사람을 다치게 할 수 있는 가장 강력한 무기다"라고 하지 않았는가. 더군다나 요즘같은 디지털 시대 속에서 이러한 현상은 더욱 심각해지고 있다. 어디 학교, 직장뿐이겠는가? 수많은 사람과 관계를 맺으며 대화하며 살아가고 있는 일상생활을 잠시

들여다보자. 대화의 부재가 문제가 되기도 하고, 또한 잘못된 대화로 그렇게 좋아 보이던 사이가 평생 틀어지기도 한다. 또 삶을 포기하려다가 단 5분 간의 대화로 사람의 마음이 바뀌고, 우울하다가도 상대방의 언어를 통해 기분이 밝아지기도 한다. 신묘한 '언어의 힘'이다.

"말 한마디로 천냥 빚을 갚는다"는 말이 있듯이 모든 인간관계의 시작은 '언어'이다. '언어'는 타인을 설득하고, 관계를 향상시키고, 성공적인 삶을 살아가는 데 매우 중요한 역할을 한다. 이처럼 인간에게 '언어'가 없으면 인간으로서 존재할 수 없기에 '언어는 존재의 집'이라고도 한다. 지금 내 입에서 나온 말은 그간 쌓은 내 지성, 통찰, 경험의 결과라고 볼 수 있다. 그래서 '내 언어의 한계는 내 세계의 한계'라고도 할 수 있으며, 이는 내 인생 그릇의 크기와 직결된다. 또한 생각은 말로, 말은 행동으로, 행동은 습관으로, 습관은 성격으로, 성격은 마침내 운명으로 이어진다.

말은 내 마음의 언어이기에, 상대방에게 꽃이 되는 말이 있는가 하면 칼이 되는 말들도 있다. 대화에도 향기가 있다. 상냥한 대화, 기분 좋은 대화 경험을 떠올려 보라. 반면에 말을 하고 나서 땅을 치고 후회하는 경우가 많은데, 안타깝게도 말은 한번 뱉으면 주워 담을 수가 없다. 즉, 말에는 지우개가 없다. 그래서 대문호 톨스토이는 "말을 해야 할 때 하지 않으면 백번 중에 한 번 후회하지만, 말을 하지 말아야 할 때 하면 백 번 중에 아흔아홉 번은 후회한다"고 했다. 특히 상대방에 대한 비난은 금물이다. 앞에서든 뒤에서든 말이다. 불교 아함경에는 "어떤 경우라도 남을 절대 비난하지 말라. 남을 비난하는 것은 마치 피를 물고 남을 향해 뿌리는 것과 똑같다"라고 했다.

한편 우리는 고민, 상담 등의 대화를 할 때 경청한 후에 상대방에게 어떤 말을 해줄 수도 있지만, 때에 따라서는 말없이 안아주는 그 자체만으로도 상대방의 마음을 편하게 해줄 수 있다. 사람이 누군가에게 이야기한다는 것은 꼭 어떤 조언이나 답변을 듣고자 하는 경우도 있지만, 상대방이 공감과 위로를 해줄 때, 말하는 자신의 존재가치를 느끼면서 기분이 좋아지기도 하고, 마음이 풀어지고 편안해지기도 한다. 아무 말 안 하는 것도 일종의 말하기이다. 자칫 말을 하려다가 오히려 역효과가 생기는 경우도 많다. 그런가 하면 "칭찬은 고래도 춤추게 한다"는 말도 있듯이, 아낌없이 칭찬을 해줄 필요도 있다. 단, 가식이 아니라 진심을 다해서!

언어는 그 사람의 품격이라고 볼 수 있는데, 그렇다면 따뜻하고 기품있는 언어는 어떻게 나올까? 매우 다양한 요소들이 있지만, 필자는 3가지를 꼽고 싶다. '겸손한 마음', '공감하는 자세', 그리고 '높은 자존감'이다. 특히 마지막 요소인 '높은 자존감'은 긍정적이고 우아하고, 다정한 대화를 이끈다. 자존감이 약하면 세상을 바라보는 시각이 부정적일 경우가 많다. 내 탓보다는 남 탓, 질투와 시기, 그리고 퉁명스럽고, 자상하지 않고, 짜증 나는 경향이 나도 모르게 마음속에 똬리를 틀고 있어서 좋은 언어, 다정다감하고 따뜻한 대화가 쉽지 않다. '나의 자존감'은 어떤지 지금 살포시 꺼내 보자.

언어의 연금술사라는 칭송을 듣고 싶은가? 많은 경우에는 '말 잘하는 기술'을 익히려고 한다. 시중에도 관련 책들이 즐비하다. 물론 말 잘하는 기술의 필요성도 있지만, 간과해서는 안 되는 것이 '표정과 몸짓', 소위 바디 랭귀지이다. 그중에서 으뜸은 '미소'이다. 아무리 말을 잘해도 표정이 어둡고 어색하면 집중력과 설득력이 뚝 떨어져 사람들의 반응은 "말은 잘하는데 영 ~" 하고 시큰둥하다.

반면에 말을 많이 하지 않더라도, 혹 말을 청산유수처럼 잘 못해도 표정이나 미소가 매우 밝고 진실되어 보이면 오히려 감화되기가 쉽다. '미소'는 상대방의 마음을 열게 하는 골든 키이니 내가 짓는 '미소'가 백만 불짜리인지 아닌지 지금 당장 거울을 보고 확인해 보라. 오죽하면 "웃는 얼굴에 침 뱉으랴"라는 속담도 있지 않은가. 백만불 미소를 띠고 있으면, 사람들이 그 사람 이야기를 먼저 듣고 싶어 할 정도로 호감을 준다. 얼굴 외모와 관계없이 '예쁘고 온화한 멋진 미소'를 얼굴과 표정에 담아 보자. 억지 미소는 오히려 역효과를 가져올 수 있으니 자연스럽게 고유한 자신의 얼굴과 표정에 미소를 담으면 그 자체가 백만 불짜리 미소가 된다. 벌써 여러분의 얼굴에 머금고 있는 밝고 환한 미소가 주변을 환히 밝히는 듯하다.

여름에는 더운 날씨로 인해 상하의가 짧은 의류를 입는데. 이를 통상 '반바지', '반팔'이라고 부른다. 그런데 하의는 '반바지'라고 부르는데 상의는 '반팔'이라고 칭한다. 신기하게도 하의에는 '바지'라는 의류 용어를, 상의에는 '의류 용어'가 아닌 인간의 신체 용어인 '팔'을 사용한다. 만약 '반팔'의 이치라면 '반바지'는 '반바지'가 아니라 '반다리'라고 불러야 한다. '반다리'? 어감이 어떤가? 매우 어색할 것이다. 더구나 팔이 반 정도 길이를 지니고 생활하는 분들이 '반팔'이라는 단어를 들으면 어떤 느낌이 들까? 우리가 어떤 나쁜 의도 없이 사용하고 있는 '반팔'이라는 단어는 누군가에게는 커다란 마음의 상처를 줄 수 있지 않을까? 또한 '절름발이 형태를 취하고 있다' 등의 표현도 종종 쓰이는데 이 역시 언어 감수성 측면에서 보면 사용해서는 안 되는 표현이다. 이처럼 우리가 일상적으로 사용하는 표현에 어떤 오류가 없는지 세심히 살피는 것 또한 중요하다.

자! 이제부터 당신의 언어 온도를 한층 더 높이자. 마음을 담은 보석 같은 말은 누군가의 인생과 만나 기적을 일으킬 수도 있지 않을까?

나눔의 패러독스

　이씨는 어릴 적 소아마비를 앓아 거동이 불편한 지체장애인이며, 부인인 황씨도 지적장애를 앓고 있다. 이들 부부가 폐지, 공병을 판매해서 받는 돈은 하루 2만 원 정도인데도, 아껴 쓰며 주민센터에 100여만 원을 13년째 기부하고 있다. 소중한 기부를 위해 무수히 땀을 흘리는 이들 부부의 모습에 무어라 형언할 수 없는 감정이 밀려온다. 누구나 할 수 있지만, 아무나 할 수 없는 것이 바로 나눔과 기부다. 강요한다고 되는 것이 결코 아니다. 돈이 많고 여유가 있어도 단 1원도 기부 안 하는 사람들이 있지만, 위 부부처럼 생계조차 빠듯할 텐데 따뜻한 나눔을 실천하는 숭고한 분들도 있다. 이런 분들이 계시기에 우리 사회에 희망이 있는 것이 아닐까?

　필자는 '시각장애인과 함께하는 나눔콘서트'를 기획, 총괄하여 '요들여신' 이은경 K요들협회 회장과 연세대 백주년기념관에서 개최한 바 있다. '여섯 개의 점'(점자)으로 세상과 소통하는 시각장애인 분들과 공연을 즐긴 감격스러운 순간이었다. 한국 및 베트남 저소득층 시각장애 아동을 위한 기부식이 열린 그날, 형언하기 어려운 감정들이 복받쳐 올랐다. 이처럼 기부는 타인을 돕는 것이지만, 궁극적으로는 나 자신의 행복을 증진시키는 묘한 매력이 있어서 궁극적으로는 나 자신을 위한 일이 되어버린다. 지금, 이 글을 읽는 독자 여러분들도 필자와 같은 경험을 많이 했으리라 생각한다.

뇌과학자들에 따르면 자선을 베풀면 행복 호르몬인 '세로토닌'과 '도파민' 수치가 높아지고, 스트레스 호르몬인 '코르티솔'은 감소한다고 한다. 또한 기부를 했을 때 활성화되는 뇌전두엽의 한 부위가 있는데, 이 영역은 사람들과의 애정 어린 관계를 맺는 것과 관련이 있는 사랑, 신뢰를 느끼게 해주는 호르몬인 '옥시토신'이 나오는 부위이다. 이뿐만이 아니라, 기부를 통해 자존감이 높아지는 것은 물론이다.

자유주의 경제학의 아버지라 불리는 애덤 스미스! 일반적으로 애덤 스미스 하면 《국부론》(1776), 그리고 '보이지 않는 손'을 떠올릴 것이다. 그러나 애덤 스미스가 국부론 이전에 《도덕감정론》(1759)을 집필했다는 사실을 아는가? 그는 이 책에서

"인간이 아무리 이기적인 존재라 해도, 그 본성에는 어떤 원리가 분명히 존재한다. 다른 사람의 처지에 관심을 갖게 하고 그들의 행복이 자신에게 필수적이라고 생각하게 만드는 것이다"라고 강조했는데, 바로 '이기심'과 '이타심'의 균형추로서의 '공정한 관찰자'가 내면에 존재한다는 것이다. 애덤 스미스가 경제학자이기에 앞서 윤리철학자인 이유이다.

기부하는 방식도 다양화되고 있다. 기관, 단체에 기부하는 전통적인 방법 외에도 음식이나 옷, 의약품 등을 투명한 비닐봉지에 담아 울타리에 걸어 두어 사람들이 가져가게 하는 '기부 울타리'가 있는가 하면, 적절한 장소에 냉장고를 설치하여 사람들이 기부한 음식들을 취약계층의 노약자들이 언제라도 가져갈 수 있도록 하는 '기부 냉장고', 키오스크에 신용카드로 기부, 결제할 수 있는 방법 등 다양하다.

"6명에게 새 생명을 선물하고 세상을 떠난 ○○○." 우리는 이런 기사를 접할 때마다 눈시울이 적셔지고 가슴이 미어지기도 한다. 그렇다! 바로 생명나눔을 실천한 장기기증을 하신 분의 이야기이다. 나눔과 베풂에는 물질적인 나눔도 있지만 이처럼 '생명나눔'도 있는데, 대표적인 것이 바로 '장기기증'이다.

안타깝게도 우리나라의 장기기증율은 미국, 유럽 등의 선진국에 비해 매우 낮은 편인데, 뇌사에 따른 장기기증율은 인구 100만 명당 7.88명이다. 반면에 스페인이 46.03명, 미국은 44.5명이다.(2022년 기준) 이러다 보니 희망자는 늘어나고 있지만, 많은 환자가 기증자가 없어서 장기기증만 기다리다가 세상을 떠난다. 참으로 안타까운 현실이다

장기기증뿐만이 아니라 '헌혈' 또한 생명나눔의 소중한 실천이다. 방탄소년단 '지민' 팬들은 한국백혈병어린이재단에 헌혈증을 기부하며 헌혈을 통한 생명나눔 활동을 실천하고 있어 우리 사회에 훈훈함을 더해주고 있다.

우리는 알게 모르게 타인의 나눔과 기부 등으로 수혜를 입는 경우가 있다. 이러할 경우 나눔, 기부한 사람의 뜻을 마음에 잘 간직하고 있다가 이후 유사한 도움이 필요한 제3자에게 베푸는 'Pay it forward'를 꼭 실천하자.

"나눔이란 자기의 귀한 것을 나누는 것입니다. 필요 없는 것을 나누는 것은 나눔이 아닙니다."

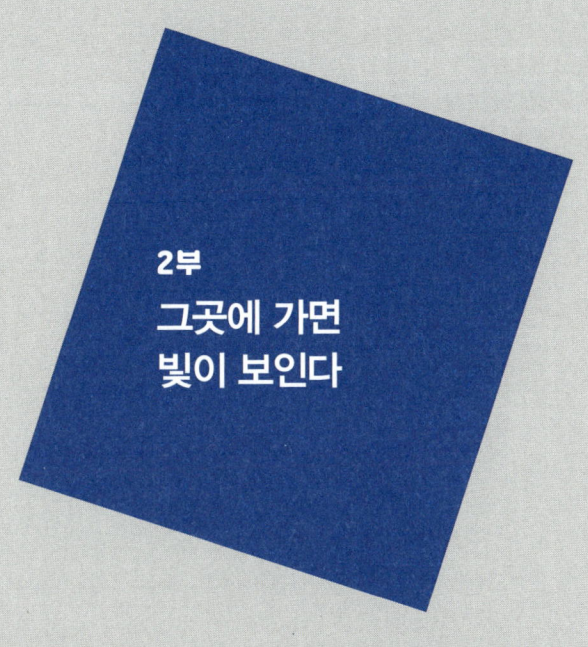

2부
그곳에 가면
빛이 보인다

3장
세상을 놀라게 한 용기 있는 선택들

로댕, 〈칼레의 시민〉

10조 기부!
2만 원짜리 시계 차던 척 피니의 철학

무일푼 청년 창업가에서 시작해 억만장자, 기부의 전설로 불리는 '척 피니'Chuck Feeney가 떠났다. 우리 사회에서 이름이 잘 알려지지 않은 척 피니가 도대체 누구이길래, 기부의 아이콘인 빌 게이츠, 워런 버핏이 "기부 집단의 영적인 지도자이자 롤 모델"이라고 평하고, 〈뉴욕타임스〉는 "피니의 기부는 기부 문화가 활성화되어 있는 미국에서도 지극히 희귀한 경우"라며 높이 평가했을까?

'기부의 전설'로 불리는 척 피니는 1931년 뉴저지의 가난한 가정에서 태어나 10대 때 크리스마스 카드, 우산 등을 팔아 용돈을 벌고, 골프장에서 아르바이트 캐디로, 대학생 때는 친구들에게 샌드위치를 팔며 등록금을 벌기도 했다. 이후 그는 세계 최대 면세점인 DFS를 운영하며 마침내 억만장자의 대열에 올랐다.

그가 이토록 세간의 주목을 받는 것은 그의 '기부철학'과 '검소한 생활'에서 기인한다. 기부에 있어서는 사후가 아닌 생전에 기부했고 꾸준히 해 왔다는 점, 익명으로 했다는 점이 피니가 비록 세상을 떠났어도 여전히 그가 지금, 이 순간에도 빛나는 이유이다. 보통 억만장자 하면 초호화 주택에다가 고급 승용차, 요트, 화려한 파티, 비행기 1등석 등을 떠올리는데, 피니는 이러한 삶과 거리가 너무나도 멀었다. 10조 원을 기부한 사람임에도 불구하고 그는 2만 원짜리 시계를 차고 다닌 면세점 대부였으며, 생활은 소형 임대아파트에서 살았고 버스를 비롯한 대중교통을 이용했다. 비행기를 탈 때는 이코노미석을 타고 다녔다. 충분히 누릴 수도 있었지만 피니는 그리하지 않았기에 더욱 귀감이 될 수밖에 없다.

워낙 익명으로 기부하다 보니 오해도 많이 받았는데 미국의 한 경제지는 그를 '돈만 아는 억만장자'라고 소개할 정도였다. 1997년에는 피니 관련해서 미국 전역이 발칵 뒤집히는 초대형 사건이 발생한다. 1997년 DFS 면세점을 매각하는 과정에서 비밀장부 내역이 드러났는데, 15년간 2,900회, 무려 40억 달러의 묘연한 지출 건이었다. 혹시 그가 재산을 빼돌린 것이 아닌가 하는 뭇 사람들의 의심 속에, 결국 해당 내용은 전부 기부였다는 놀라운 사실이 알려지며, 많은 사람이 존경하게 되었다. 피니는 1997년 자신의 DFS 지분을 다국적 기업 LVMH에 넘기고 받은 16억 달러를 모두 자선단체에 기부했다. 또한 2020년에 자신의 재산 전액 기부를 마무리하면서 재단을 해체했다. 억만장자라 하더라도 결코 쉽지 않은 기부행위를 피니는 너무나도 거침없이, 서슴없이 했기에 기부의 전설로 불릴 수밖에 없다.

이뿐만이 아니다. 척 피니는 모교인 코넬대학에 약 1조 원도 넘는 기부를 했지만, 코넬대의 수많은 건물에 그의 이름이 새겨진 것이 없다. 또한 코넬대는 이에 13달러(약 1만 7천 원)짜리 카시오 시계를 선물했는데, 피니는 "이베이에 팔 수 있는 물건을 선물해주어서 감사하다"고 농담을 던지기도 했다고 한다.

"돈은 매력적이지만 한 번에 두 켤레의 구두를 신을 수는 없다"는 척 피니! "비즈니스석은 속도가 더 빠른가요?"라고 되묻는 척 피니에게 고개가 절로 숙여진다. 한국전쟁에 참전했던 척 피니가 지금 우리들의 삶, 그리고 대한민국 사회에 속삭이고 있는 것은 무엇일까?

제주를 구한 김만덕의 손길

김만덕金萬德은 《조선왕조실록》, 《승정원일기》, 《일성록》에 등장하는 인물이며, 《만덕전》은 영의정 채제공이 집필했다. 김만덕은 과거시험의 시험 의제로도 올랐던 여인이며, 추사 김정희는 제주도에 유배되었을 때 김만덕의 선행을 듣고 "은혜의 빛이 온 세상에 가득 퍼지다"는 뜻을 담은 '은광연세'恩光衍世라는 글을 쓴 바 있다. 그렇다면 김만덕은 어떤 인물이기에 이처럼 조선 왕실과 세간의 주목을 받았을까?

1739년 제주도의 가난한 집에서 태어난 김만덕은, 12살 무렵 부모를 다 잃고 고아가 되어 고통스런 삶을 살아가야 했다. 마침내 만덕은 기생의 수양딸이 되어 노래와 춤을 익히며 제주도에서 이름 높은 기생으로 한동안 살다가, '물산객주'(일종의 종합무역상사)를 운영하면서 유통, 무역사업을 시작했다. 물가의 높고 낮음을 잘 짐작하면서 육지 상인들에게는 제주도

특산물품을 팔고, 제주도에는 육지 물품을 팔면서 막대한 부를 창출했다. 지금으로 치자면 자수성가한 회장인 셈이다. 특히 '정직한 믿음을 판다'는 그녀의 사업 철학은 21세기 윤리경영의 본보기가 아닐 수 없다.

1794년 제주도에 극심한 흉년이 닥쳐왔다. 제주민들이 굶어 죽기 시작했으며, 시신들이 산더미처럼 쌓여 갔다. 이에 제주도는 조정에 장계를 올렸으며, 정조는 쌀을 제주도로 보냈는데, 쌀을 실은 배들이 풍랑을 만나 침몰하게 되어 제주도의 기근 사태는 더욱 악화가 되었고, 제주민들은 어찌할 바를 몰라 발을 동동 구르고 있었다. 제주 백성의 3분의 1이 굶어 죽었다 하니 당시 기근의 처참함은 차마 말로 표현하기조차 어려웠을 것이다.

이때 거상巨商 김만복은 자신의 전 재산을 털어 육지로부터 쌀을 구입해 제주민들을 살려냈다. 제주민 모두는 "우리를 살린 만덕이네"라며 만덕의 은혜를 칭송했으며, 이러한 선행은 조정에까지 알려졌다. 이에 정조가 그녀에게 소원을 묻자 그녀는 "한양에 가서 임금님이 계신 곳을 보고, 금강산에 가서 일만이천봉을 구경하고 싶습니다"라고 대답했다.

기생 출신 양인이 왕을 알현하는 것은 전례가 없었을뿐더러, '출륙금지령'이 있어서 당시 제주도민이 육지로 나가는 것을 금지하고 있었다. 심지어 제주 여성은 육지 남성과 결혼도 할 수 없던 때였다. 그럼에도 불구하고 정조는 만덕에게 한양에 오는 것을 특별히 허락했으며, '의녀반수'醫女班首라는 파격적인 벼슬까지 내렸다. 또한 금강산 유람을 시켜주었는데, 이는 당시 사대부에게조차 선망의 대상이었다.

사농공상의 신분제 사회 속에서, 특히 여성의 대외활동이 금기시되는 시대에, 김만복은 가난, 고아, 기생, 여성이라는 온갖 한계를 극복하며 여성 CEO로서 성공하고, 신분타파는 물론이고, 전 재산을 털어 빈민구제에 힘썼으니, 진정한 노블레스 오블리주를 몸소 실천한 전무후무한 인물이 아닐 수 없다. 제주 올레 18길에 있는 '김만덕기념관'을 방문하여 김만덕의 숭고한 정신을 되새겨보면 어떨까?

칼레의 시민, 목숨을 건 희생 이야기

K-팝을 비롯하여 지구촌이 한국에 열광하고 있다. 또한 대한민국은 세계 10위권의 경제적 지위, 그리고 전 세계에서 7번째로 '30-50클럽'(1인당 소득 3만 달러와 인구 5천만 명)에 가입, 원조를 받던 나라에서 원조를 주는 나라로 유례없는 기록을 이어가고 있다.

이러한 가운데, 대한민국 오피니언 리더, 지도자층에 있는 사람들이 국민의 눈살을 찌푸리게 하게 하는 일들이 한두 가지가 아니다. 특히 정치판은 정쟁만 있을 뿐, 국가와 국민은 안중에도 없는 듯하고, 사회적으로 모범을 보여야 할 고위층들의 비리와 불법행위들, 막말을 비롯한 언행들로 국가적 망신을 초래하는 일들도 발생한다. 또한 국제 투명성 기구의 부패인식지수(2023년 기준)는 전 세계 국가 중 32위에 그치고 있다.

이렇다 보니, 요즘 대한민국 '지도자'라 함은 '전적으로 지도가 필요한 사람'이라는 말이 나올 정도로 참으로 개탄스럽기 짝이 없다. 물론 모든 지도층이 다 그렇다는 것은 결코 아니다. 필자 주변에도 인품, 능력이 뛰어나 존경이 저절로 나오는 분들도 아주 많다.

　새삼 '칼레Calais의 시민'이 생각난다. 영국과 프랑스의 백년 전쟁 중 프랑스의 칼레시는 영국에 항복한다. 영국 왕인 에드워드 3세는 칼레 시민들의 목숨을 살려주는 대신 6명의 목숨을 가져오라고 명령한다. 그러자 칼레시의 최고 부호인 외스타슈 드 생 피에르가 제일 먼저 죽음을 자청했다. 이를 본 칼레시의 상류층들 역시 스스로 목숨을 내놓겠다고 했다. 지원자는 7명이 됐다. 누구 한 명을 빼야 하는 상황이 되자, 다음날 가장 늦게 나타난 사람을 빼자고 합의를 했다.

　막상 다음 날 아침! 피에르를 제외하고 6명이 다 모이자, 많은 사람이 허탈해하고 있었다. 그렇다면 피에르에게 어떤 일이 일어났을까. 사람들이 그를 찾으러 갔을 때 피에르는 이미 죽어 있었다. 피에르는 혹여 다른 사람들이 간밤에 살고 싶은 마음이 생기는 것을 우려해 스스로 목숨을 끊었던 것이다. 피에르의 죽음에 많은 사람이 비통해하고 있는 가운데, 6명은 교수형에 처해지는 길을 나선다.

그런데 바로 이때 임신 중인 영국 왕비가 장차 태어날 아기를 생각해 6명을 죽이지 말라고 영국 왕에게 간청하여, 결국 6명은 목숨을 구하게 된다. 죽음을 불사한 피에르와 용기 있는 6인의 행동으로 모든 칼레의 시민들이 목숨을 건질 수 있게 되었다.

이후 프랑스 조각가 오귀스트 로댕은 '칼레의 시민' 청동상을 제작했는데, 로댕은 개인 내면의 도덕적 정화로 도시와 다수의 행복을 위해 기꺼이 죽음을 마다하지 않는 지도층의 희생정신과 인간애를 형상화했으며, 독일 극작가인 게오르그 카이저는 로댕의 작품에서 영감을 얻어 희곡 〈칼레의 시민〉을 쓰기도 했다.

대한민국 지도층에 진정 묻고 싶다. 누가 칼레의 시민이 될 것인가? 1347년의 이 이야기는 한 역사가에 의해 기록되어 노블레스 오블리주의 전형으로 이어져 왔다. 대한민국의 지도자들은 '칼레의 시민' 이야기가 주는 의미를 가슴속 깊이 새겨야 할 것이다.

부자의 전설, 경주 최부자댁

 세계 역사를 통틀어서 3백 년이나 부를 유지해온 가문은 과연 몇 개나 있을까? 확실한 것은 우리나라에 그러한 가문이 있다는 사실이다. 부자가 3대를 이어가기가 쉽지 않다고들 하는데, 경주 최부자 가문은 17세기 초부터 20세기 중반까지 장장 300년 동안 12대 대대손손 부를 누렸으며, '존경받는' 부잣집 가문의 전통을 이어갔기에 너무나도 자랑스럽기 그지없다. 특히 최부잣집의 '육훈'은 진정한 '부자철학'이 무엇이 되어야 하는지를 일깨워주고 있어, 지금도 커다란 울림과 귀감이 되고 있다.

 만석꾼 최부자댁의 '육훈'은 "집안의 재산은 절대 1만 석을 모으지 말라" "진사 이상의 벼슬은 하지 말라" "흉년에는 남의 논, 밭을 사지 말라" "과객을 후하게 대접하라" "흉년에는 사방 100리 안에 굶어 죽는 사람이 없도록 하라" 등으로 구성되어 있다. 독자 여러분은 어떤 느낌이 드는가? 돈을 벌어들이는 관점과 철학이 단연 돋보인다. 남이야 손해가 되든 말든 나만 돈 잘 벌면 된다는 졸부들과는 차원이 다르다. 그리고 돈을 사용함에 있어서도 최부자의 품격에 고개가 절로 숙여진다.

최부자 가문은 거름을 쓰는 시비법과 모내기를 하는 이앙법으로 농사를 지으며 수확량을 크게 증대시키기도 했는데, 더욱 주목할 것은 일반적으로 지주가 소작인에게 소작을 주고 8할을 거두어가던 시절에 5할만 받도록 한 조치였다. 진정 최부자만이 할 수 있는, 최부자 가문다운 결정이었다. 이뿐만이 아니다. 최씨가문의 '최진립'은 임진왜란에 참전하고, 병자호란 때 그의 종들과 함께 싸우다 목숨을 잃었는데, 전사한 두 노비인 '옥동'과 '기별'의 공을 기려 '충노불망비'를 세우고 제사까지 지냈으며, 최씨 후손들이 그 뜻을 이어받아 제사를 지내고 있다.

마지막 부자 최준(1884~1970)은 상해임시정부에 나라를 되찾는 데 쓰라며 막대한 독립자금을 보냈으며, 광복 후에는 인재양성을 위해 남은 전 재산을 영남대의 전신인 청구대와 대구대를 설립하면서 사회 환원으로 300년의 부자 집안을 마감했다.

천년고도 경주 교촌마을에 가면 경주 최부자의 얼이 서려 있다. 그곳은 원효대사의 요석궁이 있던 자리이기도 하다. 그래서 그곳에 가면 최부자 후손의 '요석궁' 한식다이닝이 있는데, 국빈이나 해외 바이어들이 찾는 유명한 곳이기도 하다. 또한 경주 최씨 집안의 비법으로 찹쌀로 빚은 300년의 전통을 지닌 '교동법주'는 국가지정 무형문화재로서 세계 속 명주를 향해 나아가고 있다.

경주는 어떤 곳인가? 황금의 나라라 불렸던 신라의 수도이자, 8세기경 당시 세계를 주름잡던 비잔티움 제국의 콘스탄티노플, 중국 당나라의 장안, 이슬람 제국의 바그다드와 어깨를 나란히 한 세계적인 국제도시였다. 아울러 세계문화유산과 국보가 넘쳐나 가히 도시 전체가 박물관이라고 해도 과언이 아니다.

대한민국의 자랑스런 국보도시國寶都市이자 80억 지구촌 시민들과 향유해야 할 '지구촌 보물'이 바로 이곳 경주라 더욱 반갑고 자랑스럽다. 2025 APEC 개최도시로 선정되어 더욱더 세계적인 도시로 거듭나길 희망한다. 천년고도의 도시인 '경주'를 방문하여, 300년 최부자의 노블레스 오블리주 정신을 되새겨 보면 어떨까?

서른 살 청년 이회영이 묻는다

 대대로 고관대작을 지낸 최고의 명문 가문 여섯 형제가 경술국치가 되자, 전 재산을 처분하고 독립운동에 투신하여, 한 명을 제외한 나머지 5명이 순국한 일가가 있으니, 바로 우당 이회영 6형제가 그 주인공이다. 우당 가문은 오성과 한음으로 유명한 '이항복'의 후손이자, 정승, 판서, 참판이 계속해서 배출된 소위 삼한갑족三韓甲族(대대로 문벌이 높은 집안)이었으며, 특히 둘째 이석영은 남양주에서부터 서울 흥인지문까지 남의 땅을 밟지 않고도 왕래할 수 있을 정도로 당대 손꼽히는 대부호였다.

 그러나 이회영 6형제는 나라를 위해 부와 명예에 아랑곳하지 않고, 모든 것을 내려놓기로 결심하고, 여섯 형제와 일가족 전체가 전 재산을 팔아 만주로 가서 항일독립운동을 전개해 나가기 시작했다. 당시 처분한 재산을 요즘 물가로 환산하면 1조

원이 넘는다고 하니, 가히 그 규모는 이루 말할 수 없다. 우리가 국사 시간에 배운, '우당'에 의해 설립된 신흥무관학교는 청산리전투, 봉오동전투에서의 승리의 주역이 된 수많은 독립운동가를 배출했으며, 신민회, 서전서숙을 설립하고 헤이그 특사를 파견하는 등 종횡무진으로 국내외 항일운동에 몰입했다.

너무나도 안타까운 것은 육형제 중에서 초대 부통령을 지낸 이시영을 제외한 5명은 광복의 기쁨을 누리지 못한 채 순국했다는 사실이다. 대표적으로 우당 이회영은 궁핍한 탓에 가족들과 생이별하면서 독립운동을 하다가 일본 경찰에 체포되어 1932년 뤼순 감옥에서 고문으로 옥사했다.

서른 살 청년 이회영이 물었다. "한 번의 젊은 나이를 어찌할 것인가?" 눈을 감는 순간 예순여섯 백발의 노인 이회영이 예순여섯의 '일생'으로 답했다. 이회영 선생의 다큐 영상에 나온 문구인데 눈시울이 붉어진다.

또한 당대 최고 부호로서 신흥무관학교의 경제적 뒷받침을 해왔던 '이석영'은 극심한 생활고에 시달리며 중국 빈민가를 전전하다가 세상을 하직하고 말았다. 독립운동을 위해 엄청나게 큰 전 재산을 내놓고 정작 이석영 자신은 굶어 죽게 되었으니, 너무나도 비통할 따름이다

이처럼 이회영 6형제는 '노블레스 오블리주'가 어떤 것인지를 '말'이 아닌 '간절한 행동'으로 보여주었다. 문득 대한민국 사회지도층 중에서 과연 몇 명이 이회영, 이석영 선생처럼 할 수 있을까? 남부러운 모든 기득권을 버리고 죽음도 마다하지 않은 6형제의 숭고한 희생이 있었기에 우리가 이 땅 대한민국에서 태어나 자유로운 삶을 누릴 수 있다는 것은 그야말로 커다란 축복이자 선물이 아닐 수 없다. 태어났는데 나라가 없는 설움과 고통을 겪지 않아도 되니 말이다.

  음악극 〈통인동 128번지〉는 우당 이회영 선생 일가의 삶을 다루고 있다. 극 제목은 중국으로 망명해 독립운동을 하다가 부족한 독립자금을 마련하기 위해 비밀리에 국내로 잠입, 은거하던 곳으로 해방 후 그 후손들이 본적지 주소로 삼은 데서 유래했으며, 영국에서도 공연된 바 있다. 여섯 형제가 다른 나라가 아닌 우리나라 대한민국에 태어난 것에 대해 감사함을 전하고 싶어, 보석같이 반짝이는 6형제의 이름을 이렇게 목놓아 불러보고 싶다. '이건영', '이석영', '이철영', '이회영', '이시영', '이호영'.

  '이회영 기념관'을 찾아가 이들의 삶을 반추하는 시간을 가져보면 어떨까?

미국의 영웅이자 한국의 딸! 안수산

　미국 대통령, 국무부, 〈타임〉이 격찬한 인물이 있는데, 그 주인공은 미국 아시아계 최초의 해군 장교였던 '안수산'이다. 그런데 정작 우리 국민에게 안수산이라는 이름은 그리 익숙하지 않다. 더 놀라운 것은 안수산은 '도산 안창호 장녀'라는 사실이다. 독립을 위해 일본과 싸우겠다며 미국 해군 장교를 지원했지만, 당시 미국 사회의 반反 아시아 정서 등으로 인해 거부를 당하는 수모를 이겨내고 마침내 미 해군 역사상 첫 여성 장교, 미 해군 최초의 여성 항공병기 장교가 된 안수산은 젠더적 편견과 인종차별을 극복하며 미국에 새로운 역사를 써 내려간 장본인이다. 미국 해군의 엘리트 암호 해독가로, 이후에는 미국 국가안전보장국National Security Agency에서 비밀정보 분석가로 활동했다.

　1915년 미국 LA에서 태어난 안수산이 11살이 되던 1926년,

도산 안창호는 임시정부의 국무령이 되어 상해를 떠나게 되는데, 이때 안창호는 안수산에게 "훌륭한 미국인이 되어라. 그러나 한국인의 정신을 잊지 말라"는 당부를 남겼다. 이 말을 안수산은 평생 간직했으나, 이후 아버지를 만날 수 없는 안타까운 운명을 겪었다. 도산 안창호는 '한 가족의 아버지'가 아니라 '한국의 아버지' 같은 존재였기에 안수산이 극복해가야 할 어려움은 남달랐다.

차별과 불평등, 편견을 이겨낸 안수산의 숭고한 인생은 지금, 이 순간에도 별처럼 빛나고 있다. 2015년 3월 10일 LA 카운티 정부는 '안수산의 날'을 지정했는데, 이는 안수산이 타계하기 약 석 달 전이었다. 2016년에 미국 시사주간지 〈타임〉은 그녀를 "미국 역사에서 알려지지 않은 여성 영웅"으로 선정했으며, 2020년에는 미 국무부가 운영하는 웹사이트에 안수산을 "선구자, 용감한 장교, 미국의 영웅"으로 소개했다.

또한 2018년 미국 트럼프 대통령은 '아시아-태평양계 미국인 문화유산의 달' 지정 선포문에서 "미국에 온 최초의 한국인 부부의 딸인 안수산은 가장 큰 시련에 직면했을 때에도 강한 직업윤리, 불굴의 애국심, 소명에 대한 변함없는 헌신으로 미국에 기여했다"라고 치켜세웠다. 안수산은 아시안 아메리칸

저스티스센터AAJC가 수여하는 '아메리카 커리지 어워드'를 한인 최초로 수상할 정도로 그녀의 인생에는 '최초'라는 수식어가 늘 따라 다녔다. 안수산이 "어떤 것에서 최초라는 것은 축복과 저주라는 대가를 치러야 한다"고 이야기한 것을 보면, 결코 녹록하지 않았던 그녀의 삶의 궤적을 엿볼 수 있다.

결혼에 있어서도 당시 미국에는 '인종 간 결혼 금지법'이 있었는데, 안수산은 이를 타파하고, 워싱턴 DC에서 아일랜드계 백인과 결혼했다. 개척의 인생 그 자체였다. 타계하기 전 강연에서 청소년들에게 "인생은 공평하지 않다. 너희는 성공을 위해 다만 최선을 다하라"라고 말했던 안수산! 그녀가 걸어온 길과 삶의 무게에 고개를 숙인다.

안수산은 연세대에서 영어로 강연을 했는데, 꼭 한국말로 하고 싶다며 한 말은 "내가 어렸을 때는 나라가 없어서 힘들고 괴로웠습니다. 하지만 이제는 나라가 있으니 열심히 공부해서 나라에 도움이 되기를 바랍니다"였다.

차별과 불평등, 편견을 극복하고 역경을 이겨내며 치열한 삶을 살았던 영웅! 안수산은 지금 이 땅 대한민국의 많은 이들에게, 그리고 전 세계 지구촌 곳곳에 있는 800만 재외동포에게 커다란 울림을 주고 있다. 앞으로 제2, 제3의 안수산이 끊임없이 나오길 기대하며, 안수산의 전기를 다룬 《버드나무 그늘 아래》의 일독을 권한다.

조선을 지킨 일본 장수 사야가

조선을 동경하며 조선에 뼈를 묻은 일본 장수가 있다. 특히 조선이 임진왜란에서 병자호란에 이르기까지의 격동의 시기에 혁혁한 전공을 세우고, 오늘날로 치면 장관급에 해당하는 '자헌대부' 벼슬까지 오른 의로운 무사! 바로 '일본군 사야가'에서 '조선군 장수로 바뀐 김충선金忠善'이 그 주인공이다.

임진왜란 때 '가토 기요마사' 휘하의 선봉장이었던 사야가는 일본을 향해 돌진하는 조선의 장수로 변신했다. 사야가는 왜 그랬을까? 사야가는 임진왜란을 명분 없는 전쟁으로 생각했으며, 왜군들이 어린이, 부녀자들을 무자비하게 학살하는 것을 보고 큰 회의를 느꼈다. 또한 전쟁 중에 본인의 목숨보다 부모의 목숨을 더 중하게 여기고 늙은 부모를 업고 도망치는 조선인의 모습에서 감명을 받았다고 술회하고 있다. 아울러 그가 남긴 《모하당술회가》에서 사야가는 오랑캐의 문화를 가진 일본에 태어난 것을 탄식했고 문화의 땅 조선을 동경했다. 모하당은 그의 '호'이다.

조선으로 귀순한 사야가는 조선의 열악한 무기 상태를 파악한 후 개탄하며 조선군을 훈련시켜 조총부대를 만드는가 하면, 조총과 화포기술을 전수하여 조선군의 전투력을 향상시키는 데 기여했다. 경상도 의병과 힘을 합치기도 하고 이순신과 서신 교류도 하는가 하면, 울산성 전투에서는 사야가의 지휘자였던 '가토 기요마사'가 이끄는 군대를 격파하며 조선군의 사기를 크게 진작시켰다. 혁혁한 전공으로 사야가는 승승장구하여 '자헌대부'에 올랐으며, 임금으로부터 성명을 하사받기에 이르렀다. 일본군 사야가가 조선군인 '김충선'으로 탄생하는 순간이었다.

임진왜란 이후에도 김충선은 북방 여진족의 침입에 대비하기 위해 10여 년간 북방경비에 나섰고, 이괄의 난 때는 이괄의 부장副將인 '서아지'를 참수시켰다. 병자호란 때는 66세의 노구를 이끌고 청나라 병사들을 무찔렀다. 사야가는 22세에 귀화하여 66세까지 혼란과 위기의 순간마다 조선을 지키고 조선을 구하는 데 혼신의 힘을 다한 진정한 '조선인'이었다.

한편 일본에서 역적, 배신자로 낙인이 찍혔었던 '김충선'이

재조명되기 시작했다. 김충선 귀화 400주년을 맞이하여 1992년 일본NHK는 '출병에 대의 없다. 히데요시에게 등 돌린 사나이'라는 다큐멘터리를 방영했으며, 아사히 신문은 '양식 있는 무사의 의로운 결단' 기사로 김충선을 소개하면서 '한 무사의 의로운 결단', '명분 없는 침략을 거부한 인도주의자', '일본의 양심'으로 재평가를 했으며, 2010년에는 일본 와카야마현에 '김충선 장군 기념비'가 건립되었다.

현재 대구 달성군 녹동서원에 김충선의 위패가 모셔져 있으며, 녹동서원 옆에는 '한일우호관'이 있는데, 일본 관광객이 대구에 가면 꼭 방문하는 명소가 되었으며, 김충선의 삶을 그린 창작 뮤지컬 〈모하당 김충선〉이 선보이기도 했다.

조선인보다 조선을 더 사랑했던 사야가, 불의에 맞서 의를 지키며 조선인이 된 김충선! 그는 우리 역사의 자랑스러운 인물이자 영웅이다. 미래를 위해 함께 손잡고 평화와 번영을 이루어 가야 할 한국과 일본! 모하당은 그야말로 한일 우호의 아이콘이기에 오늘 더욱 그립다.

자이니치를 아시나요

 2024년 8월 말 일본 전국고교선수권 대회인 '고시엔'에서 재일 한국계 민족학교인 '교토국제고'가 우승을 하면서 한국어 교가가 울려 퍼지는 역사적인 한 장면이 펼쳐졌다. 일본 전역 3,000개가 넘는 학교에서 49개 학교만이 본선에 오르는 대회일뿐더러, 창단 당시 0-34의 패배를 할 정도로 약체팀이었기에 우승의 의미는 더욱 남달랐다.

 교토국제고의 우승과 더불어 필자의 머리를 스쳐 지나가는 가슴 저미는 단어가 하나 있었는데, 그것은 바로 '자이니치'이다. 자이니치란 일제 식민지하에서 일본으로 건너가 살 수밖에 없었던 사람들과 그 후손들을 뜻한다.

 일본에서 자이니치의 역사는 한마디로 '차별과 배제', '눈물과 회한'이 가득한 나날들이라고 표현해도 지나치지 않을 것이다. 공무원은 물론이거니와 민간기업에도 취직하기가 어려워 폐품이나 야키니쿠(고기구이), 파친코 등으로 삶을 영위할 수밖에 없었고, 기본적인 권리조차 박탈당하기 일쑤였다. 일본 사법시험에 합격했더라도 '자이니치'라는 이유로 임용이 거부되는 등 이들의 삶은 고달픈 세월로 점철되었다.

"역사는 우리를 저버렸지만, 그래도 상관없다." 필자가 세계지식포럼에서 만난 이민진 작가의 소설 《파친코》의 첫 문장인데, 가슴이 먹먹해질 뿐이다. 《파친코》는 1910년부터 1989년까지 조선과 일본을 배경으로 자이니치들의 가족사를 그리고 있는 작품으로, 전 세계 주목을 받으며 미국 뉴욕타임스 선정 21세기 100대 도서로 선정되기도 했다.

고난과 역경의 나날을 보낸 자이니치이지만, 우리가 잊어서는 안 될 것이 하나 있다. 바로 생존을 위해 고군분투하면서도, 모국에 대해 무한한 사랑을 보낸 '재일동포'라는 점이다. 최초의 재외국민 구국 참전으로 재일동포 학도의용군 642명이 한국전쟁에 참전한 바 있으며, 1960년대 수출 입국의 토대가 된 한국 최초 수출산업공단인 '구로공단' 건설을 주도했는가 하면, 대한민국이 외환위기에 직면하자 재일동포는 15억 달러를 모아 송금했으며, 국채 300억 엔을 매입하기도 했다. 특히 재일동포들의 금융보국 정신을 모아 모국경제 발전에 이바지하려고 1977년 '제일투자금융'을 설립했는데, 125명의 창립자는 모두 재일동포였다. 이를 바탕으로 1982년에는 이희건 초대회장을 포함 341명은 순수 민간자본만으로 '신한은행'을 설립했으며, 이후 대한민국 대표금융기관으로 발돋움했다.

또한 일본에서 자수성가하여 '방적왕'으로 불렸던 서갑호 씨는 도쿄의 금싸라기 땅을 주일 한국대사관 부지로 기증했으며, 다른 재일동포들도 발 벗고 나서서 일본 속 한국 얼굴이라 할 수 있는 주일 대한민국공관 10곳 중 9곳을 기증했는데, 현시세는 2조 원이 넘는다고 한다. 전 세계 동포사회에서 찾아보기 힘든 사례이지 않을까?

이뿐만이 아니다. 1948년 우리나라가 최초로 태극기를 달고 출전한 런던올림픽을 앞두고 한국선수단이 턱없이 부족한 예산으로 발을 동동 구르고 있을 때, 재일본 조선체육회 소속 재일동포들이 팔을 걷어붙이고 경비를 지원했는가 하면, 1988년 서울 올림픽에 성금을 전달하기도 했다. 이처럼 재일동포는 조국이 위기에 처할 때마다 함께 호흡하며 한걸음에 달려왔다. 이제 우리는 어떻게 화답할 것인가?

4장

세상은 넓고 할 일은 많다

전 세계가 인공지능 혁명에 접어들면서,
지구촌은 AI 패권 전쟁의 소용돌이에 빠져들고 있다.

피카소가 삼성전자 전략을 짠다면

피카소가 삼성전자 전략을 짠다면 어떨까? 피카소 화가가? 다소 의아한 생각이 들 것이다. 하지만 기업은 인공지능 혁명 시대 속에서 파괴적 혁신Disruptive Innovation을 위해서는 '예술'에 길을 물어야 한다. 예술이 파괴적 경영혁신의 '골든키'이기 때문이며, 이것이 필자가 주장하는 새로운 경영 패러다임으로서의 '아트경영'이다.

일단 아트경영이니 그림 하나 편히 그려보자. '새'를 그린다면 어떻게 그릴까? 많은 경우 부리, 날개, 다리 등이 있는 모습의 예쁜 새 그림을 떠올릴 것이다. 그럼 예술가인 브랑쿠시는 새를 어떻게 생각했을까? 놀라지 마시라! 일반적으로 생각하는 새 모습과는 완전히 다른 모습으로 묘사했다. 그렇다면 브랑쿠시가 새를 묘사했던 것을 이제 기업현장, 사업전략에 접목해보자.

브랑쿠시, 〈새〉

우선 먼저 "성우를 죽여라"Kill the Sacred Cow를 통해 예술가들이 어떻게 창조적 파괴를 하는지, 그리고 그것을 기업경영에 어떻게 접목해야 하는지에 대해 이야기해보고자 한다. "성우를 죽여라"라는 말은 말 그대로 '성스러운 소를 죽이는 것'이다. 풀어 해석하면 생각의 통념을 깨는 것, 즉 생각의 유니폼을 벗어 던짐으로써 새로운 생각의 근육을 키우는 것이다.

피카소의 〈남자의 두상〉을 보면 그림이 다소 이상하게 보일 수 있다. 피카소는 왜 이렇게 그렸을까? 피카소는 그림을 그릴 때 '단 시점', 즉 일반적으로 정면에서 사물을 바라보고 그림을 그리는 생각의 틀을 과감히 깨고 정면, 측면, 위, 아래에서 다각적 시점을 그림에 투영하여 두상을 그렸다. 이처럼 기존 생각의 틀을 깨는 것이 바로 성우를 죽이는 것이며, 피카소는 미술사조에서 기존의 틀을 깨고 입체파, 큐비즘이라는 새로운 사조를 탄생시킨다.

피카소, 〈남자의 두상〉

자! 오늘 여러분이 마차를 만드는 회사 임직원 워크숍에 와 있다고 가정해 보자. 마차의 미래 제품에 대한 워크숍에 어떤 내용이 담길까? 내용은 아마도 더 안락한 안장, 가볍고 튼튼한 소재 등의 최첨단 기능 마차를 제시할 가능성이 크다. 이런 경우 전형적인 접근에 의한 전형적인 결과물이 도출되기 쉽다. 다시 말하면, 워크숍 시작 전 결과물 예측이 가능하다. 더 나아가 이러한 접근 방식의 결과물은 애석하게도 동종업체들의 미래 제품전략과 대동소이하게 된다. 즉, 각 동종업체 회사들 로고를 가리고 개별회사의 사업전략 보고서를 살펴보면 비슷하게 되는 결과가 초래된다. 마치 글 서두에서 새를 그려보라고 했을 때, 대동소이하게 되는 것처럼 말이다.

그렇다면 아트경영 관점에서 워크숍을 하면 어떤 결과가 나올까? 이 워크숍은 '예술적 개입 워크숍'Artistic Intervention Workshop이라고 불린다. 성우를 죽이기 위한 질문을 하나 던져보겠다. 미래 마차를 구상하는데 "이것은 마차가 아니다"라고 생각하면 무엇이 연상되는가? 마차가 아니라면? 그렇다. 바로 말을 없애는 것이다. 말을 없애는 것! 이것은 엄청난 파괴적 혁신이 되는 셈이다. 아트경영 접근이 아닌 조금 전 통상적인 워크숍에서는 미래 마차를 고민하는 과정에서는 "결코 말을 없애는 생각"을 못한다. 말은 당연히 존재한다는 '생각의 유니폼'에 사로잡혀 있기 때문이다. 즉 성우를 죽이지 못하는 셈이다. 예술적 개입 워크숍에서는 미래 마차를 위해 말을 없애는 과감한 아이디어에서 출발해 다양한 아이디어가 도출되고, 도출된 아이디어를 바탕으로 우선 순위화 등을 통해 최종적인 결과물이 탄생한다. 감히 일반적으로 상상하지 못하는 파괴적 혁신 결과물이 쏟아진다. 당연히 동종업체와는 확연히 다른 파괴적 혁신제품 전략을 도출하는 셈이다. 마치 브랑쿠시의 〈새〉처럼 말이다.

필자는 새로운 경영 패러다임인 아트경영을 주제로 강연, 교육, 워크숍을 실시해오고 있는데, 예술적 개입 워크숍을 해보면 전혀 예측할 수 없는 아이디어들이 도출되고, 경영 컨설팅을 받을 때 드는 수억 원 이상의 가치가 있다는 찬사가 쏟아지기도 한다. 물론 교육과정 속에서 교육생들의 '혈중 아트 농도'도 올라간다. 그럼 이 글을 읽고 있는 "여러분 기업/기관의 성우는 무엇인가?" 지금 바로 그 성우를 죽이는 작업부터 해보라.

파괴적 혁신을 위한 아트경영의 성공적 구현을 위해서는 '조직구성원'worker이 '아티스트'artist로 탈바꿈해야 하며 '제품'을 '작품'으로 승화시켜야 한다. 먼저 아티스트가 되라는 의미를 새겨보자. 기업에서 마케팅을 담당하든, 생산을 담당하든, 연구개발을 담당하든 업무와 직급에 상관없이 사원부터 최고경영진 모두가 아티스트가 되어야 한다는 뜻이다. 그렇다면 왜 아티스트가 되어야만 할까?

이에 대한 해답을 얻기 위해서는 예술가의 특징을 살펴보아야 한다. 예술가들의 작품은 창의적이고 독창적이며, 이를 통해 새로운 양식 및 사조를 만든다. 예를 들어 건축양식으로 고딕 양식(노트르담대성당), 바로크 양식(베르사유궁전), 미술사조에서는 인상파(모네), 입체파(피카소) 등이 있듯이 말이다. 또한 예술가들은 관객들에게 무엇을 선사하는가? 바로 '감동'이다. 그래서 우리가 감동이 있을 때 꼭 예술 분야가 아니어도 "와, 예술인데!"라는 표현을 사용한다. 축구에서 환상적인 패스로 골을 넣을 때처럼 말이다. 그래서 프랑스 축구팀의 축구를 '아트사커'라 일컫기도 한다. 전혀 예상치 못한 곳으로 패스를 하면서 골로 연결하기 때문이다. 이 축구선수들은 예술을 업業으로 하는 사람들은 아니지만, 이미 축구라는 경기 안에서는 '예술가'라는 점에 주목해야 한다.

임직원이 예술가가 되어야 한다는 것은 예술 분야에 대한 지식을 쌓으라는 것이 아니다. 그림을 잘 그린다거나, 음악을 잘한다거나, 심지어 예술적 지식 유무 여부는 중요하지 않다. 예술가의 특징에서 살펴봤듯이 조직 구성원이 창의적이고 독창적인, 새로운 양식이나 사조에 버금가는 혁신적인 제품을 통해 고객들에게 감동을 주느냐 아니냐가 예술가가 되는 것의 본질이다.

  이렇게 탄생한 제품들은 '제품'이 아닌 '작품'으로 불린다. 모방 제품이거나 기능적으로 조금 더 좋은 제품으로는 '작품'으로 인정받기 어렵다. 예술가들은 자신만의 세계와 자신만의 예술철학을 가지고 처절함 속에서 마침내 작품을 탄생시키기 때문이다. 마찬가지로 기업경영에서 고객들이 해당 제품을 사용하며 감동하면서 "와우! 제품이 예술인데!"라는 반응을 보이면 성공이다. 여기서 한 가지 오해가 없었으면 하는 것은 '작품'이라고 해서 무작정 가격이 '비싼 제품'이라는 뜻은 결코 아니다. 그래서 기업경영에서는 회사가 만들어 내는 것이 작품인지 제품인지를 끊임없이 질문해야 한다. 독자 여러분 기업에서는 제품을 만들고 있는가? 아니면 작품을 만들고 있는가? 작품이라고 할 만한 것이 안 떠오른다면, 지금 당장 제품 포트폴리오 전략Product Portfolio Strategy 및 제품 로드 맵Product Roadmap을 다시 짜라.

  제품이 '작품'이 되는 순간 고객은 '구매자'가 아닌 '팬덤'으로 변한다. 고객을 팬덤으로 만들면 어떤 현상이 벌어질까? 팬덤은 엄밀히 말하면 해당 기업제품의 선호를 뛰어넘어 해당 기업의 철학에 매료되기에, 출시하는 제품들에 대한 충성도가 매우 높은 경향이 있다. 우리가 가장 익숙하게 팬덤을 떠올릴 수 있는 것이 바로 '애플'이다. 이를 위해서 기업은 제품을 만들 때 'WHY'에 대한 깊숙한 고민을 투영시켜야 한다. 즉 '우리 회사는 왜 존재하는가?', 그리고 '우리 회사는 왜 이 제품을 만들고자 하는가?'에 대한 깊숙한 철학이 제품에 스며들어 있어야 한다. 마치 피카소가 기존의 틀을 거부하며 '입체파'가 탄생했듯이 말이다.

이처럼 기업의 최고경영진 및 임직원이 워커worker가 아닌 아티스트artist가 된다는 것은 '제품'을 '작품'으로, 그리고 '고객'을 '팬덤'으로 만드는 것이다. 이렇게 될 때 해당 기업은 시장으로부터 "와우! 경영이 예술인데!"라는 평가를 받을 것이고, 파괴적 혁신을 선도하는 기업으로 우뚝 설 것이다. 이제 아트경영의 옷을 입고 파괴적 혁신을 향해 거침없이 나아가자.

자연은 최고의 비즈니스 스쿨

소위 '찍찍이'라 불리는 '벨크로'는 어떻게 탄생했을까? 결론부터 이야기하자면 자연에서 영감을 얻었다. '도꼬마리' 열매에 난 가시는 끝이 구부러진 갈고리 모양으로 동물의 털, 사람 옷 등에 잘 달라붙는 속성을 지니고 있는데, 이를 응용하여 운동화, 의류 등에 적용하면서 '벨크로테이프'가 광범위하게 사용되기 시작했다. 자연이 선사한 히트상품이라 해도 과언이 아니다.

이뿐만이 아니다. 일본 고속열차 '신칸센'은 물총새의 부리처럼 길고 뾰족하게 디자인을 하여 소음과 공기저항을 획기적으로 줄여 속도를 향상했는가 하면, 아프리카 짐바브웨의 '이스트게이트 센터' 건물의 경우에는 '흰개미'들이 만드는 집의 원리를 응용하여 한여름에 냉방을 하지 않아도 시원함을 유지하도록 했다.

'무통주사 바늘'의 아이디어는 '모기'의 가르침이라 할 수 있다. 여름에 귓가에 웽웽대는 모깃소리! 그런데 정작 모기가 사람의 피를 빨아갈 때는 어떤 소리도 없어 사람은 아무것도 느끼지 못하고 정작 모기에 물리고 나서야 간지러움을 느낀다. 모기가 피부를 찌를 때 통증을 일으키지 않는다는 사실에 착안해 '무통주사 바늘'이 만들어졌다. 놀라운 것은 모기 입 모양을 모방한 주삿바늘은 매끈한 표면이 아니라 톱니처럼 울퉁불퉁 하다는 사실이다. 거미줄은 또 어떤가? 거미줄 원리를 이용한 강력한 섬유는 같은 굵기의 강철 와이어보다 강한데, 이 인공 거미줄은 고성능 방탄복, 의료용 봉합사 등 다양한 산업에 광범위하게 활용되고 있다

참으로 놀랍지 않은가? 자연이 삶의 '힐링'을 위한 장소만이 아니라, 기업경영 활동에 있어서 혁신적인 제품 및 신기술에 대한 '해답'을 간직하고 있으니 말이다. 이뿐만이 아니라 자연의 생물들은 일절 자원을 낭비하지 않고 재생하는 순환시스템을 작동하고 있기에, 21세기에 대두되고 있는 지속가능성에 대한 진정한 스승은 바로 '자연'이라고 할 수 있다.

가만히 생각해보면 자연은 이미 38억 년의 누적된 역사 속에서 축적된 노하우와 경험, 이미 검증된 생태계를 조성하고

있지 않은가? 반면에 인류는 고작 '만년의 역사'에 불과하다. 그러하기에 자연에는 벤치마킹할 것이 너무나도 많다. 광합성만 보더라도 자연은 그렇게 쉽게 해내는 데 반해, 최첨단 기술에 천문학적인 돈을 쏟아붓고 있는 인류는 아직도 '광합성'을 제대로 구현해내지 못하고 있지 않은가?

인류가 부딪치는 많은 이슈에 대하여, 그리고 기업경영에서 핵심인 초격차 기술, 파괴적 혁신에 대한 답을 자연은 이미 알고 있다. 그러하기에 자연이 수십억 년에 걸쳐 진화하며 만들어낸 경이로운 구조와 원리의 지혜를 모방하여 혁신을 이끄는 전략과 경쟁은 21세기판 '골드러시'를 방불케 한다고 감히 이야기할 수 있다. 이는 '생체모방', '생체모사', 영어로는 '바이오미미크리' biomimicry, '바이오미메틱스' biomimetics 등으로 불리는데, 필자는 이를 자연에 초점을 맞추어 파괴적 혁신의 신新경영 패러다임인 '자연지능경영' Nature Intelligence Management 으로 새롭게 명명하여 널리 전파하고 있다.

자연의 상상할 수 없는 숨겨진 기술, 비교할 수 없는 초효율 속에서 이전과는 차원이 다른 파괴적 혁신전략을 구상할뿐더러 조직 운영에 있어서도 다양성, 협력 등을 바탕으로 지속적인 생태계를 영위하는 노하우 및 지혜를 이제 우리가 겸손하게 터득하고 배워야 할 때이다. 자연이야말로 최고의 비즈니스 스쿨인 셈이다.

여기서 한 가지 중요한 것이 있다. 자연은 우리가 그토록 갈구하는 혁신적인 기술 및 작동원리 등에 대한 답을 간직하고 있으면서도 결코 알려주지 않는다. 따라서 우리는 '수동적 보기'가 아닌 '적극적 관찰'이 반드시 필요하다. 위에서 언급한 벨크로의 경우, '드 메스트랄'이라는 사람이 도꼬마리의 세세한 특성을 관찰했기에 발견한 것이지, 그냥 무심코 지나쳤다면 결코 발견하지 못했을 것이다. 자연은 이처럼 탐구하는 이에게만 상상치 못한 기적 같은 선물을 선사한다. 이제 '자연지능경영'으로 자연과 함께 춤을 추며 거침없는 파괴적 혁신의 아이콘으로 우뚝 서길 바란다.

양자혁명의 진검승부

전 세계가 인공지능 혁명에 접어들면서, 지구촌은 AI 패권 전쟁의 소용돌이에 빠져들고 있다. 중국의 저비용·고성능 모델 '딥시크'DeepSeek는 글로벌 AI 생태계를 뒤흔들었고, 엔비디아는 시가총액 기준으로 애플과 마이크로소프트를 넘어서는 기염을 토하기도 했다. 인공지능 후발주자인 대한민국은 뒤늦게 대규모 투자를 통해 추격에 나섰지만, 이 흐름은 낯익다.

늘 그래왔다. 미국이나 유럽에서 기술 혁신이 세계를 강타하면, 우리는 뒤따라 'ㅇㅇ강국 비전'과 'ㅇㅇ조 원 투자' 등의 구호로 대응한다. 그러나 그렇게 추격하는 사이, 선도국은 이미 새로운 질서를 창출하며 세계 시장을 선점한다. 우리는 언제까지 '기술 따라잡기 국가'의 굴레에 머물러야 하는가?

이제는 '숙제하는 국가'가 아니라, '출제하는 국가'로 대전환해야 한다. 전 세계가 대한민국을 주목하게 만들려면, 우리가 먼저 미래를 읽고 질문을 던지는 국가가 되어야 한다. 그런 의미에서 우리는 지금, '양자혁명'이라는 결정적 변곡점 앞에 서 있다.

양자기술은 아직 상용화되지 않았지만, 그 가능성은 인류의 문명 패러다임을 송두리째 바꿔놓을 잠재력을 품고 있다. 기존 비트bit 단위 컴퓨터로 10억 년이 걸리는 계산을, 양자컴퓨터는 단 100초 만에 해결할 수 있다. 양자 컴퓨터의 기본 단위인 큐비트qubit의 세계는 상상을 뛰어넘는 계산 속도만이 아니라, 기존의 암호 체계, 금융 알고리즘, 신약 개발, 기후 예측, 우주 탐사 등 거의 모든 산업과 과학의 틀을 다시 짜게 만드는 '문명의 재설계자'가 될 것이다.

이는 단순한 기술 혁신이라기보다는 불가능을 가능으로 바꾸는 문명사적 전환이다. 그래서 양자기술은 '게임체인저'가 아니라 '게임리세터'라 불려야 마땅하다. 유엔은 아인슈타인의 상대성이론과 함께 현대물리학의 핵심이론인 양자역학이 정립된 지 100년이 되는 것을 기념하기 위해 2025년을 '세계 양자과학 기술의 해'로 정했다. 이 선언은 단지 학문적 기념이 아니라 전 인류에게 "양자의 시대로 들어오라"는 초대장이다.

상용화 이전이기는 하지만, 이미 미국을 비롯하여 전 세계는 양자기술 각축전을 벌이고 있다. 미국은 2018년에 국가 양자 이니셔티브National Quantum Initiative를 제정한 바 있다. 구글은 '윌로우' 양자칩을, 마이크로소프트는 '마요리나1'을, 아마존은 '오셀롯' 칩을 개발하며 본격 경쟁에 뛰어들었다. 유럽과 중국 역시 양자위성, 양자암호통신, 큐비트 소자 경쟁에 사활을 걸고 있다. 큐비트 소자에 있어서는 초전도체, 광자, 중성원자 등 다양한 방식이 치열하게 경합을 하고 있으며. '고전-양자 하이브리드 컴퓨팅' 또한 기회를 노리고 있다.

하지만 전 세계를 뒤흔든 혁신적인 기술들이 그래왔듯이, 양자기술 또한 상용화를 위해 넘어야 할 과제들이 산적해 있다. 그러하기에 우리에게는 오히려 기회가 있는 것이다. 양자혁명 시대에 있어서만은 후발주자로 추격하는 운명이 아닌 양자 선도국가로서 인류에게 새로운 문명을 선사하는 운명을 맞이하자.

헤리티지노믹스를 펼치자

세계 최초의 목판 인쇄물 《무구정광대다라니경》은 8세기에 제작된 것으로, 1966년 불국사 석가탑 해체 공사를 하던 중에 발견되었다. 그렇다면 천년 넘게 버틴 이 놀라운 종이의 정체는 무엇일까? 바로 우리의 찬란한 문화유산인 '한지'韓紙이다. 이 한지가 루브르박물관, 교황청 등에서 주목을 받으며 진가를 발휘하고 있는 가운데, '미래에서 온 종이'라는 극찬이 쏟아지고 있다. 이처럼 전 세계에서 각광을 받는 한지가 정작 종주국인 우리나라에서는 어떤 대접을 받고 있을까? 한지가 지닌 위대함을 칭송하기는커녕 "아니! 종이가 뭐 이렇게 비싸냐?"라며 푸대접을 받기 일쑤다.

지금, 이 순간에도 기업은 어떠한 사업전략으로 성장하며 기업가치를 제고할 것인가에 대해 치열하게 고민하고 있을 것이다. 이러한 측면에서 기업 및 최고경영자는 '문화유산'에 대하여 새로운 관점을 가질 필요가 있다. 일반적으로 문화유산 하면 보통 '보존', '계승'이 떠오르고, 기업 입장에서는 브랜드, 마케팅, 홍보전략의 일환으로 전통공연 및 전시 등을 후원하기에 어찌 보면 비용지출 항목으로 인식할 수도 있다.

그러나 이제는 이러한 '보존 및 계승'이라는 차원을 뛰어넘어 문화유산을 '신 국부창출'의 원동력으로 삼는 대전환 전략이 필요하다. 필자의 저서인 《한국인 에너지》에서는 이를 '헤리티지노믹스' Heritagenomics 라고 명명하고 강연이나 포럼이 있을 때마다 널리 알리고 있다. 헤리티지노믹스는 우리 '전통문화유산'을 여러 산업 분야에 접목하여 '신 국부창출' 및 '경제부국'으로 나아감과 동시에 찬란하고 유구한 정신문화유산을 지닌 '문화대국'의 위용을 지구촌에 떨치는 새로운 국가전략이다.

앞에서 언급한 미래에서 온 종이라고 각광을 받는 '한지'를 보자! 이제 한지를 잠에서 깨워 '한지 로드'를 전 세계에 펼치는 청사진을 만들 필요가 있다. 한지 로드는 벽지, 단열재를 비롯한 인테리어 자재로도 가능할 것이고 패션, 의류에도 접목할 수 있다. 더 나아가 한지는 고기능, 친환경, 웰빙의 아이콘이기에 자동차, 의료, 전자산업 등의 최첨단 산업소재로까지 확장, 접목시킬 수도 있다. 이러한 최첨단 전자제품 표면에 'Hanji Inside'(한지 인사이드)라는 마크를 부착한다면 지구촌 사람들이 한지가 소재로 들어간 전자제품을 사용하면서 '한지'를 자연스럽게 인식하게끔 하는 마케팅 효과를 톡톡히 누릴 수 있게 될 것이다. 마치 '인텔'이 '노트북' 제조사들이 만드는 노트북 속에 인텔 '반도체 칩'이 들어있다는 일종의 자부심의 표현이라 할 수 있는 'Intel Inside'(인텔 인사이드)라는 마크를 표시했던 것처럼 말이다.

이는 '우리의 오래된 전통이 인류의 미래'가 되는 가슴 벅찬 일이다. 특히 전 세계는 치열한 소재 전쟁 중인데, 한지는 저탄소, 친환경 시대에 걸맞은 '소재 혁명'의 주인공이 될 수 있다. 최근 경영계의 화두인 ESG Environmental, Social, Governance 와도 부합하기에 친환경, 고기능성의 한지를 신 국부로 키워볼 절호의 기회가 아닌가?

이뿐만이 아니다. 이렇게 한지 스토리가 입혀진 제품을 사용하는 지구촌 사람들이 한국 여행 시 호기심 가득한 눈으로 한지의 본고장인 전주, 안동 등의 도시를 방문하여 우리의 찬란한 문화유산을 접한다면 한국이 더욱더 매력적으로 다가올 것이고, 우리나라를 방문하는 외국인 관광의 '질'質을 획기적으로 바꿀 수 있는 발판을 마련할 수 있다. 더군다나 전 세계적으로 K-POP 등이 주목을 받으며 '대중 한류'가 지구촌에 퍼지고 있는 이때, 우리는 이제 '대중 한류'를 뛰어넘어 '정신 한류'를 지구촌 80억 시민에게 선사할 절호의 기회를 맞고 있다.

이러한 과정에서 전통문화 예술인들이 긍지와 자부심을 갖는 것뿐만 아니라, 물질적으로도 풍요롭게 사는 이야기가 넘쳐나야 한다. 그렇게 된다면 전통문화 예술에 종사하는 사람들의 명맥이 끊길 우려도 없을 것이다. 이렇게 되면 기업의 사회에 대한 책임과 의무인 CSR^{Corporate Social Responsibility} 활동 또한 새롭게 정의될 수 있다. 그간 기업은 '나눔과 기부' 등의 다각적인 선행을 펼쳐왔고, 최근의 CSR은 기후환경, 탄소저감에 대한 대응 등으로 진화 발전되었다.

헤리티지노믹스에서 전통문화를 활용할 때는 제품을 차별화하고 성장토대를 마련하기 위해 소극적 차원의 '보존'이 아닌 적극적인 '산업화'를 촉진해야 한다. 여기에 더해 외국 관광객의 문화유산도시 방문 증대를 통해 지역경제 활성화에 기여하는 '1석 3조' 선순환구조를 구축해야 한다. 기업의 성장과 사회적 책임이 따로 움직이는 것이 아니라, 기업 성장, 문화유산 산업화, 지역경제 활성화가 함께 움직이는 새로운 CSR, 즉

'CSR 2.0'을 창출해야 하는 것이다.

우리의 전통문화유산을 활용하여 전 인류에 새로운 문명과 문화를 선사할 수도 있다. 지구촌 건물들을 보라. 온통 철근콘크리트로 구성되어 있다. 언제까지 철근콘크리트 양식에 의존할 것인가? 쏟아지는 건설폐기물들을 그냥 두고 볼 것인가? 신라시대 7세기 당대 최고인 '황룡사 9층 목탑'의 후예인 우리는 무엇을 해야 할까?

우리 선현들의 목조 기술은 세계 최고 수준이었고, 우리나라 대목장大木匠(나무를 다루어 목조건축을 하는 장인)은 '세계인류무형문화유산'으로 등재되어 있을 정도이다. 그러하기에 우리는 이 지구촌을 철근콘크리트에서 '목재 문명'으로 획기적으로 전환하는 꿈을 꾸어야 한다. 바로 우리가 새로운 주거 문명의 주인공이자 주역이 되는 꿈을 가져야 한다.

건물은 무조건 철근콘크리트라는 틀을 과감히 깨고, 목조 오피스빌딩, 목조 아파트 등 목조건축물들이 지구촌을 수놓는 시대를 상상해보자. 철근콘크리트가 주지 못하는 목재 건축만의 특별한 가치를 제공할 수 있지 않을까? 마치 자연을 통째로 집으로 가지고 온 듯한 느낌 말이다. 건강이 더욱 중요시되는 수명연장 시대에 자연 힐링은 점점 더 사람들의 관심과 주목을 받고 있지 않은가? 한편 기능적 가치 측면에서도 미래 목조건축은 뛰어난 내구성과 더불어 화재 등의 위험 요소도 당연히 없어야 한다. 이를 위해 혁신적인 기술로드맵Technology Roadmap 전략이 필요하며, 이는 자연스럽게 한옥의 재조명으로 관심과 주목을 받을 것이다. 다른 외국업체들이 후발주자로 들어온다고 하더라도, 우리나라는 목조에 대한 찬란한 스토리와 콘텐츠를 보유하고 있어 경쟁업체들과의 차별화에 있어서도 우위를 점할 수 있다.

스마트폰으로 지구촌에 새 지평을 연 '애플'은 시가총액이 무려 4,500조 원을 넘어섰다. 2007년도만 하더라도 애플과 삼성전자의 시가총액은 비슷했는데, 지금은 무려 10배 차이가 나고 있다. 그만큼 애플은 새로운 문명을 개척한 혁신 프리미엄Innovation Premium을 누리는 것이다. 우리나라의 미래 목조건축이 애플과 같이 새로운 문명을 선도하는 혁신의 아이콘이 될 가능성은 충분하다.

유구한 5천 년의 역사 속에서 우리의 찬란한 전통문화유산은 한두 가지 아니다. 이처럼 전통문화유산은 오래된 것, 옛 것, 고루한 것이 아니라, 오히려 기업이 새로운 돌파구를 마련할 수 있는 '혁신의 오아시스'와 같다. K-POP을 비롯한 대중 한류가 지구촌을 뜨겁게 달구고 있는 이때, 헤리티지노믹스는 찬란한 문화유산과 반만년의 유구한 역사를 지닌 대한민국을 '경제부국'과 '문화대국'으로 이끄는 원동력이 될 것이며, '대중 한류'를 뛰어넘어 '정신 한류'로 전 세계를 다시 한번 열광시킬 '비밀병기'다.

AI가 노벨상을 탄다면

챗GPT가 전 세계를 강타하고 있는 가운데, AI(인공지능)는 의사면허시험, 로스쿨, MBA 시험에 보란 듯이 손쉽게 통과했다. 정말 소름 끼칠 정도로 스마트한 인공지능의 진면목을 드러냈다. '사업구상을 위한 혁신적인 아이디어 제시 시합'에서 챗GPT4는 사람을 거뜬히 따돌렸다. 평가단 심사를 거친 40개의 혁신적인 아이디어 중 35개는 인공지능이, 나머지 5개는 사람(와튼MBA스쿨 학생들)이 제안한 것이었으니 스코어는 35:5로 인공지능의 압도적 승리였다. 이는 창의성에 있어서 많은 시사점을 던져주는 대목이다. 이러다가 최고의 두뇌를 지닌 세계적인 과학자, 석학들이 끊임없이 규명하고자 하는 우주 블랙홀에 대해서 인공지능이 먼저 밝히고, 그 공로로 노벨상을 받으면 어떻게 될까?

이뿐만이 아니다. 미국에서 열린 미술 전시전에서 인공지능이 생성한 그림인 〈스페이스 오페라극장〉이 1위에 올라 예술계가 발칵 뒤집혔으며, 제네바에서는 세계 최초로 기자들이 인공지능로봇에게 질문하는 기자회견이 진행되는 진풍경이 펼쳐졌다. 일본에서 진행된 한 장례식은 사람이 아닌 인공지능로봇을 위해 거행되기도 했다.

 기업현장으로 가보자. 인공지능은 산업 전반을 강타하며 기업의 연구개발, 생산, 제조, 마케팅, 고객서비스에 전반적으로 영향을 미치면서 업무의 효율성, 생산성, 더 나아가 효과성을 극대화하며 파괴적 혁신의 트랜스포머Transformer로 급부상했다. 또한 중국 기업은 인공지능로봇 '탕위'를 'CEO'(최고경영진)에 임명하며 세계 최초로 AI CEO를 탄생시켰다. 필자는 몇 년 전 세계적인 석학, 지도자들이 모이는 '제24회 세계지식포럼'에서 '인공지능이 CEO를 대체하는 날'을 주제로 장충체육관에서 열띤 토론을 벌이기도 했다. 머지않아 〈타임〉 표지에 인공지능 CEO가 '베스트CEO'로 선정되는 날을 맞이한다면 여러분은 어떤 느낌이 드는가? 물론 인공지능과 관련하여 저작권, 할루시네이션(거짓 답변), 윤리, 편향성 등 앞으로 해결해 가야 할, 결코 간과할 수 없는 이슈들이 엄연히 존재하고 있다.

 그럼에도 불구하고 인간은 점점 기계화되고, 기계는 점차

인간화되면서 기계와 인간의 변별이 모호해지고 있는 가운데, 인류는 인공지능혁명 시대에 '인간존재, 그리고 인간의 역할은 무엇인가?'라는 근본적인 질문과 본질적인 화두에 직면하고 있다. '인간중심주의적인 휴머니즘'Humanism이 더는 작동하지 않고, 인류는 '인간과 인공지능이 공존, 공생하는 포스트휴머니즘'Posthumanism이라는 대격변기를 맞이하며, '신인류'의 탄생이 예고되고 있다.

이러한 신인류는 앞서 언급한 초거대능력을 지닌 호모사피엔스Homo Sapiens로서 인공지능 로봇인 '로보사피엔스'Robo Sapiens와 공존하며 또 다른 번영을 향해 나아가야 할 것이다. 이제 우리 모두 서둘러 신新인류의 옷을 입어야 할 때이다.

신호와 소음

존 헨리John Henry는 '해머로 암반을 깨서 다이너마이트를 넣을 구멍을 만드는 일'을 하는 사람이었다. 동료들 사이에서 존 헨리는 해머 작업에 있어서는 최고라고 인정받고 있었다. 1870년에 존 헨리가 다니는 회사에서 구멍 뚫는 기계를 도입하기 시작했는데, 존 헨리는 인간의 일을 기계가 대체할 수 없다고 주장하며, 회사의 기계도입에 반발하면서 기계와의 대결에 나섰다. 과연 이 시합에서 여러분은 누가 이겼을 것이라고 예상하는가? 놀랍게도 존 헨리가 승리했다. 그러나 충격적인 것은 존 헨리는 승리를 거둔 그 자리에서 숨졌다는 사실이다.

이 사건은 우리에게 많은 것을 시사하고 있다. 우선 기업에서는 새로운 변화의 물결이 신호signal인지 소음noise인지를 볼 줄 아는 혜안과 통찰이 필요하다. 우리는 혁명적 수준의 파괴적 혁신이 몰려오면 저항하기도 하며, 새로운 변화를 애써 무시하는 경향이 있는데, 이는 미래변혁의 '신호'를 '소음'으로 간주하는 우愚를 범하는 경우이다. 신호를 소음으로 잘못 여기는 순간 어떻게 될까? 기업의 운명運命이 바뀐다는 사실을 잊어서는 안 된다.

2007년 애플 아이폰의 출시는 모바일 혁명의 시대를 알리는 신호탄이었으며, 지구촌 사람들의 삶을 완전히 뒤바꿔놓은 기념비적인 일이었다. 그러나 출시 초기 반응을 보자. 마이크로소프트의 CEO인 스티브 발머는 시장점유율은 2~3%에 그칠 것이라고 했으며, 모토롤라 CEO인 에드워드 젠더는 "애플이 우리를 어떻게 상대하나"라고 했으며, 노키아의 부사장인 빌 플루머는 '현상 유지의 진화'라고 얕잡아 보았다. 결과는 어떻게 되었는가? 휴대폰의 강자였던 노키아와 모토롤라는 역사의 뒤안길로 사라지고, 애플은 스마트폰으로 인류 생활을 완전히 뒤바꾸어 놓으면서 휴대폰의 강자로 지금도 새 역사를 써 내려가고 있지 않은가?

두 번째로는 새로운 패러다임의 변화 및 인류의 도구발달로 인해 조직에서 나 자신의 가치와 일의 의미가 변화되고, 가지고 있던 역량, 강점이 소멸할 수도 있다는 점을 인식해야 한다. 지금, 이 순간에도 조직 내 '존 헨리' 같은 사람이 있다면? 아니, 나 자신이 혹 '존 헨리'가 아닌가 하는 생각을 곰곰이 생각해 볼 필요도 있다. 조직 내에서 유능하다는 평가를 많이 받았을 가능성이 크기 때문이다. 그리고 그 유능함의 성공 경험을 지니고 있기에 기존 틀에서 벗어나기가 더욱 쉽지 않을 수도 있다. 마치 존 헨리가 조직 내에서 최고 전문가로 인정받는 느낌처럼 말이다. 이에 대한 경종을 울리기라도 하듯이 《철학은 어떻게 삶의 무기가 되는가》, 《뉴타입의 시대》의 저자인 야마구치 슈는 존 헨리처럼 비극적인 최후를 맞지 않기 위해서는 '뉴 타입'의 사고 프레임으로 전환해야 한다고 강조하고 있다.

서울 광화문 흥국생명 앞에 가면 세계적인 조각가 조너선 브로프스키의 〈망치질하는 사람$^{Hammering\ Man}$〉이 설치되어 있는데, 존 헨리의 안타까운 죽음과 함께 챗GPT 시대에 '인간이란 무엇인가?' 그리고 '나 자신의 가치와 일의 의미'에 대해서 질문을 던지는 듯하다.

1인 방송국에서 1인 유니콘 시대로

　유튜브가 없었던 시절, '1인 방송국'은 그야말로 상상조차 할 수 없었다. 방송국 일은 적지 않은 인원과 물적 인프라가 필요하고 천문학적인 투자와 비용이 소요되기 때문이다. 그만큼 진입장벽이 크기 때문에 1인이 방송국을 운영한다는 것은 엄두를 못 냈다. 하지만 유튜브의 등장으로 한 개인이 '1인 방송국'을 할 수 있게 되었으며, 이를 통해 유튜버는 지구촌 사람들에게 어마어마한 방송 장비를 하나도 갖추지 않고도, 시간 제약을 받지 않으며 방송 컨텐츠를 제공하고 시청자들과 소통하며 엄청난 수익을 창출할 수 있는 시대가 열렸다. 유튜버로 개인 커리어를 바꾸고 인생이 180도 바뀌는 경우가 속출하고 있다.

　이처럼 유튜브가 1인 방송국 시대를 열었다면, 요즘 전 세계에 불어닥치고 있는 '인공지능'은 우리에게 어떤 새로운 시대를 열어줄까? 2023년 3월 〈타임〉 표지 모델로 등장한 챗GPT의 행보는 그야말로 광폭 수준이다. 100만 명 가입자를 모으는 데 걸리는 기간을 살펴보면 넷플릭스는 3.5년, 에어비엔비는 2.5년, 페이스북은 10개월, 인스타그램은 2.5개월인 반면에 챗GPT는 '5일'이면 충분했다. 1억 명 기준으로 인스타그램은 30개월이 소요되었지만, 챗GPT는 두 달 만에 해치웠다.

인공지능으로 말미암아 개인이 이전에는 결코 가질 수 없었던 능력을 장착하며 '초슈퍼개인'으로 재탄생한다. 이를 통해 감히 상상할 수 없었던 '1인 유니콘' 시대를 기대해 볼 수 있게 되었다. 유니콘기업은 시가총액이 무려 '1조 원'에 이르는 기업을 뜻한다. 정말 믿을 수 없는, 꿈 같은 이야기가 이제 더 이상 꿈으로만 존재하지 않는다.

한편, 만화 그리는 재주가 전혀 없어도 '웹툰 작가'가 될 수 있는 시대도 열렸다. 인공지능 시대 이전에는 만화 그릴 줄 아는 능력이 없으면 엄두도 못 낼 일들이 지금 우리 눈앞에서 거침없이 순식간에 펼쳐지고 있다. 손으로 만화를 그려본 적이 없었던 만화가 루트포트Rootport는 이미지 생성 인공지능프로그램 등을 활용하여 《사이버펑크 모모타로》라는 컬러로 된 만화작품을 6주 만에 뚝딱 만들어냈다. 루트포트는 "만약 이 작업을 손으로 했다면 1년 넘게 걸렸을 것"이라고 말했다.

자기계발서 《삶의 목적을 찾는 45가지 방법》은 챗GPT가 썼으며, 파파고가 영어를 한국어로 번역했는데 책이 출간되기까지 걸린 시간이 고작 7일에 불과했다. 미국 뉴욕에 사는 세일즈맨 '브레트 쉬클러'는 작가를 꿈꿨지만, 책을 내는 일은 언감생심이었다가 "아들에게 금융 지식을 가르쳐주는 아버지에 관한 이야기를 써주세요"라는 문구 입력을 통해 단 몇 시간 만에 어린이용 그림책 《현명한 꼬마 다람쥐-저축과 투자 이야기》를 완성해 아마존 킨들 스토어에서 2.99달러에 팔기 시작했다. 브레트 쉬클러는 순식간에 그토록 꿈에 그리던 작가가 되었다.

이처럼 사람의 능력이 순식간에 변할 수 있는 세상 한복판에 우리가 살고 있다니 이 자체가 믿기는가? 만화 그리기, 책 쓰기, 디자인 등 본인이 갖고 있지 못한, 아니 엄두도 못 내던 재주나 능력을 얻기 위해서는 수많은 세월과 노력을 쏟아부어도 획득할 수 있을까 말까 했는데, 인공지능 세상은 그야말로 천지개벽 그 자체이다

미드저니, 딜리, 스테이블디퓨전, 일레븐랩스, 사운드로우 등 수많은 생성형 인공지능이 이제 인간의 외장형 능력처럼 구비되어 있고, 인간은 이러한 외장형 능력을 '접속'함으로써

초능력을 지닌 사람으로 변모할 수 있다.

  이제 세상엔 두 가지 부류가 존재하게 될 것 같다. 인공지능 도구를 쓸 줄 아는 사람과 쓸 줄 모르는 사람! 그런데 제대로 쓸 줄 아는 사람은 초슈퍼개인으로 탄생하며 개인의 삶에 있어서 획기적인 기회를 맞이할 것이다. 그 주인공은 어디 따로 있는 것이 아니라 바로 '당신'이 될 수 있다. 어찌 보면 AI가 인간 일자리를 대체하는 것이 아니라, AI를 잘 활용하는 사람이 못하는 사람의 일자리를 대체하게 되는 것이 아닐까?

우리가 잘 모르는 세계적인 K-강소기업

 빨대, 부탄가스, 오토바이 헬멧의 3가지 공통점은 무엇일까? 놀라지 마시라! 바로 우리나라 기업들이 세계시장을 석권하고 있는 제품들이다. 대기업 위주의 경제구조를 지닌 우리나라에 이러한 K-강소기업이 있다는 것이 너무나도 자랑스럽지 않은가!

 우리 일상생활에서 흔히 볼 수 있는 빨대! 이 빨대 하나로 세계를 휘저은 기업이 바로 우리나라 업체 '서일'이다. 서일은 U자형 빨대를 세계 최초로 개발했으며, 친환경 트렌드에 맞추어 종이로 만든 U자형 빨대도 출시했다. 전 세계 시장 점유율 30%를 차지하며 세계에서 가장 빨대를 많이 만드는 기업으로 우뚝 섰다. 영국과 일본에 해외 판매법인을 두고 있으며, 인도네시아, 미국 등 6개 국가에 현지 공장을 거느린, 명실상부한 글로벌 기업이자 K-강소기업이다.

부탄가스는 우리나라 사람들의 기질 중의 하나인 '편의성'과 깊은 연관성이 있는 제품이 아닌가 싶다. 언제 어디서나 부루스타(소형가스레인지)에 휴대용 부탄가스를 장착하면 웬만한 요리를 척척 해낼 수 있으니 말이다.

썬연료 브랜드로 유명한 기업 '태양'은 전 세계 휴대용 부탄가스 시장에서 무려 60%의 시장 점유율을 차지하고 있으며, 다른 국내업체들까지 포함하면 전 세계 90%를 장악하고 있으니 거의 우리나라 부탄가스를 지구촌 사람들이 사용하고 있는 셈이다. 또한 라디오 광고에서 '안 터져요~' 카피로 유명한 '맥스부탄'을 만드는 업체인 '대륙제관'은 '수출의 탑'을 수상하는 영예를 안기도 하였다.

오토바이 헬멧 역시 세계를 석권하고 있는 상품이다. HJC(전 홍진크라운)는 지금까지 약 20년 동안 세계시장 1위 자리를 지키고 있으며, 매출액의 10%를 연구개발에 쏟아붓고 있을 정도이다.

이뿐만이 아니다. 카지노의 도시 미국 라스베가스에서 흔히 볼 수 있는 슬롯머신은 우리나라 업체 '코텍'이 만드는 제품이다. 카지노 슬롯머신용 모니터에 있어서 세계시장 점유율 50%를 차지하고 있다. 세계적인 필기구 업체인 독일의 '파버카스

텔' 등은 우리나라 기업인 '유앤아이'의 잉크를 사용하고 있으며, 이 기업은 팬시용 볼펜 잉크 시장에서 세계시장 점유율 1위를 차지하고 있다.

삼성, 현대차, LG, SK 등 세계적인 대기업들과 더불어 이처럼 지구촌을 누비며 대한민국의 위상을 드높이는 K-강소기업이 있다는 사실은 잘 알려져 있지 않다. 따라서 언론, 방송에서는 우리의 자랑스런 K-강소기업들을 다각적으로 소개할 필요가 있다. 이를 통해 진정한 영웅이자 애국자인 K-강소기업, 그리고 세계를 무대로 거침없이 질주하고자 하는 목표를 향해 지금, 이 순간에도 땀을 흘리며 일하고 있을 '잠재적 K-강소기업'에 5천만 국민의 뜨거운 함성과 환호가 이어졌으면 한다.

방위성금에서 K-방산으로

요즘 K-방산이 그야말로 날개를 달아 전 세계에서 러브콜을 받고 있다. 해외 수주에 날개를 달며, 소위 수출 잭팟이 터졌다. 질적인 측면에서도 수출 품목은 전차, 자주포, 전투기, 잠수함 등으로 다양화되었으며, 수출 국가 또한 아시아, 중동, 유럽, 아프리카로 확대된 것도 매우 고무적이다.

K2 전차를 만드는 현대로템, K9 자주포의 한화에어로스페이스는 글로벌 수출 및 대응에 박차를 가하고 있으며, 한국인 특유의 기질을 발휘하여 '조기 납품'을 통해 폴란드로부터 '로켓배송'이라는 애칭도 얻었다. 방산 외교에 총력전을 펼치면서 전방위적으로 지금 대한민국 방산 역사가 새록새록 쓰이고 있어서 감개무량할 따름이다.

필자가 감개무량하다고 표현한 것은 지금의 방산은 50년 전의 대한민국 방산과 비교할 수 없을 정도로, 아니 눈물이 날 정도로 성장했기 때문이다. 독자 여러분은 혹 '방위성금'이라는 단어를 들어 본 적이 있는가? 정부재정이 넉넉지 않은 상황에서 무기개발이 필요하여 1973년부터 1988년까지 국민으로부터 '방위성금'을 모았다. 15년간 모은 방위성금은 무려 609억 원이었고, 거둔 성금은 전투기 F-4D, 헬리콥터 500MD 구입 및 한국형 장갑차 개발 등에 쓰였다고 한다. 어찌 보면 보석 같은 우리 국민의 '성금'이라는 어깨 위에 지금의 K-방산이 존재하고 있으니 이 얼마나 감격스러운 일인가? 진정 온 국민이 함께 기뻐할 일이다.

'방위성금'과 더불어 '번개사업' 역시 K-방산이 있게 한 주역이 아닐 수 없다. 70년대 미국 닉슨독트린의 주한미군 철수 카드 속에서 박정희 대통령은 "우리 손으로 무기를 직접 만들어 자주국방을 이룩하자"며 '번개사업'(병기긴급개발사업)을 추진했다. 관계자들의 불철주야 피나는 땀과 노력, 숱한 어려움을 극복하며 빠른 속도로 개발이 진행되었다. 번개사업은 그야말로 번갯불에 콩 구워 먹는 듯한 활동에서 비롯된 이름이며, 마침내 1975년에 방산 첫 수출(소총 탄약 47만 달러)의 서막을 열었기에 지금의 K-방산이 더욱 빛을 발하고 있다.

이와 더불어 또 한 가지 놀라운 사실이 있다. 다연장로켓을 세계 최초로 만든 나라가 어디일까? 놀라지 마시라! 바로 '조선'이다. 고려시대 최무선이 발명한 로켓병기 주화走火를 바탕으로 만들어진 신기전神機箭은 다연장로켓의 효시로서 《국조오례의서례》 및 《세종실록》에 기록이 남아있다. 특히 대신기전의 길이는 5.5m이다. 1805년 영국의 윌리엄 콜드 리브가 제작한 6파운드 로켓의 길이가 4.3m였으니 조선은 무려 300여 년을 앞선, 수준 높은 정밀 과학국이었던 셈이다. 지금 신기전의 후예들이 다연장로켓 '천무'天舞 수출을 비롯해 전 세계로 K-방산을 쏘아 올리고 있다. 선현들의 지혜와 후손들의 합작품이라고 해도 과언이 아니다.

방산의 '마이너리그'에서 방산의 '메이저리그'를 향한 대한민국의 거침없는 질주가 이어지고 있는 이 시기에, 방산 강국 코리아를 향한 'K 방산전략'의 정교화가 더욱 필요하며, 방산 관련 연구 인력을 개발하고 육성함으로써 신 국부창출의 효자산업으로 키워나가야 할 것이다. 아울러 가까운 미래에 '록히드마틴' 같은 세계적인 방산기업이 대한민국에서 배출되길 간절히 기대한다.

3부
길을 여는
리더의 선율

5장

마음을 울리는 리더십의 노래

세상에서 가장 가난한 대통령으로 알려진 호세 무히카 전 우루과이 대통령

타게 엘란데르, 가장 존경받는 정치인의 비밀

 스웨덴은 인당 국민소득이 무려 5만 달러가 넘을뿐더러, 세계 최고의 복지국가이다. 게다가 스웨덴의 국민행복지수, 반부패지수(국가청렴도지수)는 전 세계에서 최상의 순위를 유지하고 있다. 그러나 약 80여 년 전만 해도 스웨덴은 가난, 실업, 빈부격차, 좌우갈등, 극심한 노사분쟁으로 그야말로 절망의 나라였다. 특히 노동 손실 일수가 세계에서 가장 높을 정도로 노사분규가 극심한 국가였다. 그러나 지금은 모두가 꿈꾸는 나라로 변모했다. 이처럼 많은 국가와 국민들이 부러워하는 스웨덴을 일구어내는 데 빼놓을 수 없는 인물이 바로 정치인 '타게 엘란데르'Tage Erlander이다.

 엘란데르는 1946년 45세의 나이에 총리가 되어 23년간 스웨덴을 이끌며 가난한 나라를 부자국가로 만들고 세계 최고의 복지국가를 향한 기틀을 마련했다. 1968년에는 총선에서 최대의 승리를 거두었음에도 40대의 올로프 팔메에게 자발적으로 총리 자리를 내주며 퇴임하는 아름다운 흔적을 남겼다.

엘란데르는 스웨덴에서 좌우연정은 물론이거니와 '화합의 정치'를 이루어낸 영웅이다. 엘란데르의 화합과 대화의 정치는 '목요클럽'이라 불린다. 매주 목요일 기업 측과 노조 측을 초대하여 대화하며 상생 해법을 모색하고 추진한 것에 기인한다. '목요클럽'에는 각계각층의 사람들이 초대되며, 스웨덴의 미래를 설계하고 실행하는 장場으로서의 역할을 했다. 엘란데르의 '목요클럽'은 단순히 정치적으로 보여주기식, 형식적인 차원이 아니었기에 가시적인 성과를 낼 수 있었다. 그가 청년 시절 급진주의 좌파 정치인, 그리고 사민당 출신의 총리인 것을 감안하면 실로 놀라운 일이 아닐 수 없다.

이뿐만이 아니다. 엘란데르의 청렴함과 검소함에 대해서는 입이 다물어지지 않을 정도인데, 무려 23년간 총리직을 수행한 엘란데르가 퇴임 후에 집이 없어 부랴부랴 주변에서 집을 새로이 마련해 주었다는 일화는 두고두고 회자된다. 총리 시절에는 관저 대신 임대주택에 거주했고, 20년 넘게 입은 외투, 구두 밑창을 수선하며 오래도록 신고 다닌 신발 등은 몸에 밴 검소함을 상징적으로 보여준다. 엘란데르의 퇴임 후 그의 부인은 남편이 총리 시절 쓰던, 스웨덴 정부 마크가 새겨진 볼펜들을 정부 부처 장관을 방문하여 돌려주기도 했다.

엘란데르의 메모에는 "나는 총리가 될 만한 재목이 못 되는 사람이다. 하지만 젊은 나를 지지해준 동지, 그리고 나를 후원해주는 국민을 위해 희생하라는 명령을 거부할 수 없었다. 너는 정치인으로서 국민과 국가를 위해 희생할 각오가 되어 있는가?"라고 쓰여 있는데 이 대목에서 그의 철학을 엿볼 수 있다.

스웨덴 국민이 왜 엘란데르를 존경하는지, 왜 그가 스웨덴의 영웅인지 피부에 와닿지 않는가? 엘란데르가 스웨덴에 남긴 것은 스웨덴의 경제, 복지 측면의 경이로운 성과도 매우 중요하지만, 스웨덴의 지속적 성장에 반드시 필요한 사회적 자본을 구축한 것이 더욱 돋보인다. 노사화합, 대화정치를 비롯하여 스웨덴 국민의 정부와 정치에 대한 신뢰도, 지도층의 청렴함 등은 스웨덴의 '소프트파워'이기 때문이다.

'꽃보다 아름다운 정치'를 한 엘란데르 이야기에서 대한민국 정치 현실의 답답함을 잠시 접어두고 미래에 전 세계를 호령할 만큼 무궁무진한 잠재력을 지닌 대한민국에 이제 구태의연한 보수, 진보를 떠나 엘란데르 같은 지도자 및 정치인을 기대한다. 국민의 사랑과 존경을 한몸에 받는 그런 지도자 말이다.

링컨의 포용, 마음을 얻는 리더십

오늘날 미국을 하나의 미국으로 만들고 노예해방을 이끈 에이브러햄 링컨은 미국에서 가장 사랑받고 존경받는 대통령이다. 그리고 '국민의, 국민에 의한, 국민을 위한 정부'라는 어구가 담긴 링컨의 게티스버그 연설은 역사에 길이 간직될 명장면 중의 하나로서 그의 통치철학이 고스란히 투영되어 있다. 링컨은 남북전쟁에서의 승리를 통해 'United States'를 'are'가 아닌 'is'로 만든 영웅이며, 미국이 두 개로 쪼개지는 분단국이 되는 상황을 막았다. 또한 링컨으로부터 시작된 노예해방의 역사 속에서 미국 최초의 흑인 대통령인 오바마가 탄생했다. 미국에서 노예해방이 갖는 의미는 노예해방 선언서 사본 1부가 2005년 뉴욕 크리스티 경매에서 68만 달러에 팔렸을 정도로 매우 각별하다.

이뿐만이 아니라 링컨은 '포용의 정치'가 무엇인지를 제대로 보여준 면에서 리더십이 더욱 돋보이는 인물이다. 대표적인 것이 링컨을 그토록 무시해온 정적 에드윈 스탠턴Edwin M. Stanton을 남북전쟁을 이끌 국방장관으로 중용한 데서 잘 드러난다. 유명한 변호사였던 스탠턴은 링컨이 활동한 공화당의 반대당인 민주당 의원이었는데, 링컨을 '시골뜨기', '고릴라'(키가 크고 팔이 길고 못생긴 외모를 빗댄 표현)라고 무시하고 조롱하는 처사가 한두 번이 아니었다. 또한 "링컨이 대통령이 된 것은 국가적 재난"이라고 링컨과는 매우 심하게 각을 세운 인물이었다. 모든 참모의 반대를 무릅쓰고 링컨은 스탠턴을 기용했는데, 결국 스탠턴은 남북전쟁을 승리로 이끄는 데 큰 역할을 한다. 링컨 사후에 그렇게도 미워했던 링컨의 시신 옆에 서서 스탠턴은 눈물을 흘리며 그를 역사상 가장 위대한 인물로 칭송했다.

한편, 16대 대통령 공화당의 강력한 대선주자 후보였던 윌리엄 스워드Willam Seward는 '켄터키(링컨 출생지)의 촌뜨기', '수준 이하의 인간'이라고 링컨을 무시했는데 링컨은 스워드를 국무장관으로 발탁했다. 스워드는 알래스카를 720만 달러라는 헐값에 매입하며 개척에 공헌한 인물이다. 알래스카에 가면 스워드Seward 항구도시와 스워드 고속도로Seward Highway가 있다.

참고로 알래스카의 면적은 남북한 국토의 7.7배에 해당한다.

미국 화폐에서 가장 작은 단위인 1센트에 새겨진 인물이 바로 링컨인데, 링컨의 삶은 사실 처절하다고 표현하는 것이 맞을 듯하다. 가난한 산골에서 태어난 링컨은 제대로 된 정규교육도 못 받았다. 9세에 어머니를 여의고 사업에 실패하는가 하면, 약혼자의 죽음이라는 시련도 겪었으며, 선거에서는 여러 번 낙선을 경험했다. 어린 자녀들이 세상을 떠나는, 형언할 수 없는 비통한 삶 속에서도 링컨은 실패와 좌절을 겸허히 받아들이고 도전하여 마침내 대통령에 당선되어 위대한 업적을 남겼다. 이렇게 해서 링컨은 지금 미국에서 가장 사랑받는 인물이 되었다.

하루는 링컨이 대통령실에서 구두를 손수 닦고 있는 모습을 본 비서진이 화들짝 놀라면서 가뜩이나 '시골뜨기라 품위가 없다'는 소리를 듣는 판에 링컨에게 또 다른 구설수가 있을까 노심초사하자 대통령은 비서진에게 "자신이 신을 구두를 닦는 것이 부끄러운 것인가? 대통령은 그저 국민을 위해 일하는 공무원임을 명심해야 한다"고 이야기하면서 "세상에는 천한 일은 없다네, 천한 마음만이 있을 뿐이네"라고 말했다고 한다. 링컨이 입고 있는 마음의 옷과 지도자 그릇의 크기가 느껴지지 않는가?

겸손한 권력 속에서 포용의 정치를 펼치며 위대한 국가와 국민을 향해 나아간, 링컨의 리더십이 지금 대한민국에서 반드시 피어나야 한다. 국가의 주인인 국민을 진정으로 섬기고 받드는 대통령과 함께 위대한 대한민국으로 나아가야 한다.

철의 여인 대처가 남긴 유산

19세기 해가 지지 않는 제국인 영국은 1970년대에 소위 '영국병'British Disease에 걸려 유럽의 중환자가 되었다. 인플레이션은 20%를 넘고 최고세율은 80%까지 이르렀고, 근로자 파업을 비롯해 경제는 희망을 찾아보기 힘들었으며, 1976년에는 급기야 IMF에 구제금융을 신청할 정도로 상황은 최악이었다. 이러한 유럽의 중환자인 영국을 치유한 인물이 바로 철의 여인이라 불리는 마거릿 대처Margaret Thatcher이다.

대처는 국가 지도자가 한 국가에 있어서 얼마나 중요한지를 여실히 보여준 대표적인 사례이다. '절망국가'를 '희망국가'로 탈바꿈함으로써 대전환을 가져 왔기에 '대처혁명'이라는 용어가 생겨났을 정도로, 영국은 대처 전前과 대처 후後로 나뉠 수 있다고 말하기도 한다. 1721년 영국의 초대총리인 로보트 월플 이래 역대 총리 가운데 '주의'主義, -ism가 붙은 경우는 대처가 유일할 정도로 영국에 있어서 그녀의 흔적은 강렬하다.

대처는 영국병 치료를 위해 공공개혁, 노동개혁 등을 매우 과감하게 추진했다. 우선 공공개혁에 있어서는 민영화를 꼽을 수 있는데 1979년에서 1992년까지 총 415억 파운드의 국가 소유 주식이 민간으로 넘어가면서 1992년엔 팔 것이 거의 없을 정도가 되었다. "1주일에 200만 파운드씩 손실을 입히던 공공부문의 5개 산업이 이제 민간부문에서 일주일에 1억 파운드씩 이익을 내고 있다"고 대처는 1989년 전당대회에서 이야기할 정도로 가시적인 변화가 일어났다. 또한 대처는 피고용인들로 하여금 자사 주식을 보유하게끔 했으며, 공공임대주택을 세입자에게 매각함으로써 중산층 확대를 도모하며 '대중자본주의'를 펼쳤다.

또한 대처의 노동개혁은 그녀의 치밀한 전략과 준비, 그리고 강력한 추진력과 용기가 어우러짐으로써 가능했다고 볼 수 있다. 영국에서 노조의 횡포는 1978년 말 연대파업으로 인해 '불만의 겨울' Winter of Discontent 로 정점에 달했는데, 대처는 법과 원칙에 입각한 단호함을 보여주며, 파업 천국인 영국을 치유하기 시작했다. 1984년 최대 노조인 탄광노조의 장기파업을 종식하고, 이후 노조 파업이 사라지게 되는 계기를 마련하고 노동 유연성을 강화했다.

아울러 대처는 정부 재정지출 삭감과 공무원 축소 등 작은 정부를 지향해 갔으며, 특히 자유시장 경제의 기치 아래 규제개혁, 산업보조금 폐지, 개방을 추진하며 국가부흥의 기틀을 거침없이 마련해 나갔다. 또한 1982년 아르헨티나가 영국령인 포클랜드를 점령했을 때, 대처는 즉각 대응에 나서 아르헨티나가 두 달 만에 손을 들기도 했다.

절망에 빠진 영국 국민에게 그녀가 남긴 커다란 유산은 "영국은 다시 위대해질 수 있다"라는 자신감이라고 볼 수 있으며, 그러하기에 그녀가 보여준 비전과 용기의 리더십은 더욱 빛날 수밖에 없다. 특히 대처가 국정을 이끌 당시 각료가 대부분 남자였는데, 어려운 상황에 직면했을 때, 유약한 각료들에게 "퇴임 후 가게를 하나 차릴 텐데, 유약한 남자들에게 용기를 파는 가게를 차리겠다"고 한 이야기는 그녀의 강철 같은 용기와 끈질김, 국가를 위해 옳은 길에 대한 신념을 잘 보여준다. 인기에 영합하지 않고 국가를 위해 헌신한 그녀의 모습에 갈채와 칭송이 이어지고 있는 이유가 바로 여기에 있다.

지금 대한민국이 급변하는 국제정세 속에서 경제적, 사회적으로 결코 쉽지 않은 상황에 놓여있는 모양새가 과거 영국이 앓았던 '영국병'을 지금 한국이 앓고 있는 것이 아닌가 하는 생각이 들 정도다. 영국병을 치유한 마거릿 대처가 있었다면, 이제 '한국병'을 치유하는 비전과 용기를 지닌 '리더십'이 위대한 대한민국을 위해 가장 간절한 상황이다.

세상에서 가장 가난한 대통령, 호세 무히카

한 국가의 대통령이 취임 때 지지율보다 퇴임 때 지지율이 더 높다면 재선에 도전하는 것이 일반적일 텐데 국민들의 강력한 재선 요구에도 이를 거절한 대통령이 있다. 그 주인공은 우루과이 대통령 호세 무히카(1935~2025)이다. 2010년 취임 때 지지율이 52%였는데 2015년 퇴임 때는 무려 65%를 기록했다.

호세 무히카의 동화 같은 이야기를 들어보자. 2010년 대통령 취임 당시 재산 신고액이 고작 1,800달러(약 200만 원)였다. 대통령 재임 동안 호세 무히카는 본인의 월급의 90%를 기부했기에 보통사람이 아님에 틀림없다. 이뿐만이 아니다. 대통령궁은 노숙자에게 제공하고 정작 본인은 허름한 농가에서 출퇴근을 했다. 파격 수준이 이만저만이 아니다. 게다가 그의 검소함은 이루 말할 수 없다. 노타이에 낡은 통바지, 싸구려 운동화, 헝클어진 머리칼의 소탈한 시그니처 패션을 하고 다닌 우루과이 대통령 호세 무히카는 '세상에서 가장 가난한 대통령'이라는 수식어가 늘 따라 다닌다. 대통령이 되어서도 그의 프로필에 '농부'라고 적는 위인이다.

어느 날은 헤럴드 아코스타라는 평범한 사람이 히치하이킹(승차요청)을 하기 위해서 길거리에서 손을 흔들고 있었는데 그때 한 관용차가 그 앞에 서서 헤럴드를 태웠다. 그런데 관용차에는 호세 무히카가 타고 있었던 것이 아닌가! 헤럴드의 놀란 표정이 충분히 그려진다. 그의 소탈하고 소박한 삶의 태도는 이처럼 타의 추종을 불허한다.

BBC는 호세무히카에 대해 "정치인이란 원래 소박하고 존경받을 수 있는 직업이라는 것을 일깨워주었다"라고 평가할 정도였으니 무슨 말이 더 필요할까? 호세 무히카는 "인생에서 중요한 것은 물질(물질적 풍요)이 아니라 (삶을 누리는) 시간"이라는 것을 늘 강조했다. "본인은 가난하지만, 마음은 가난하지 않다. 삶에는 가격이 없다"라는 그의 말에서 존경심이 절로 우러나온다. 우루과이 국민이 왜 그를 '페페'(할아버지)라고 부르며 사랑할 수밖에 없는지 알 수 있다.

고등학교 졸업장도 없지만, 철학자 대통령이라 불리고, 교황에게서 현자賢者라고 칭송받은 호세 무히카는 취임연설에서

"국가원수란 자기 자신이 아닌 다른 사람의 명령을 받는 사람"이라고 말했는데, 여기서 그의 국가와 국민에 대한 통치 철학을 그대로 엿볼 수 있다. 그는 낡은 이념을 뛰어넘어 '실용주의' 기치를 높게 들고, 국민과 끊임없이 소통하며 높은 경제성장률과 더불어 실업률을 13%에서 6.7%로, 빈곤율은 40%에서 12%로 낮추며 사회적, 경제적 혁신을 이루어냈다.

호세 무히카처럼 국민과 스스럼없이 어울리며, 세계에서 가장 사랑받는 대통령으로 전 세계 언론에 대서특필될 대한민국 지도자를 기대한다.

왜 지금 레이건인가

 1980년 미국은 침체의 늪에 빠져 있었다. 베트남전 후유증, 이란 인질 사태, 경제 스태그플레이션, 국민의 자신감 상실 등으로 미국은 '쇠퇴하는 제국'으로 불릴 만큼 흔들리고 있었다. 그러나 바로 그 시기, 정치인이 아닌 전직 배우이자 캘리포니아 주지사 출신의 로널드 레이건이 대통령에 당선되었다. 그리고 그는 8년 만에 "미국을 다시 위대하게 만들었다"Make America Great Again는 평가를 받았으며, 미국인들로부터 존경받는 대통령으로 널리 사랑을 받았다. 트럼프 대통령이 내세웠던 'MAGA' 구호의 원조도 바로 '레이건'이다. 또한 레이건은 "정부는 문제의 해결책이 아니라 문제 그 자체이다"라는 명언과 함께 감세, 규제완화, 작은 정부를 추진했다.

 대한민국 사회는 호락호락하지 않는 경제상황, 급변하는 국제정세, 갈등과 분열, 냉소와 무기력이 팽배한 위기 국면에 처해 있다. 정치권은 이념과 진영 논리에 갇혀 국민 통합의 리더십을 상실했고, 정치는 없고 정치공학만 난무하며, 영혼과 철학이 사라지고, 미래에 대한 희망보다는 불신과 피로감이 앞선다. 지금 레이건 대통령의 리더십에 주목해야 하는 이유다.

레이건은 철학자이자 사상가였다. 레이건은 "자유는 소멸하기까지 결코 한 세대보다 멀리 있지 않습니다. 자유는 계속해서 싸워내고, 지켜내고, 다음 세대에게 넘겨주어야 한다"고 경고했다. 그래서 그는 자유를 지키기 위한 교육, 안보, 시민의 책임을 끊임없이 강조했다. 지금 대한민국은 선진국의 껍질은 가졌으나, 진정한 '자유민주주의'의 정신적 내공은 약하지 않은가? 선전과 선동, 포퓰리즘, 규제와 간섭, 편 가르기 등이 일상화되며 '자유'라는 말이 점점 공허해지는 지금, 레이건의 말은 경고가 아니라 예언처럼 들린다.

한편, 레이건은 작은 정부, 자유시장, 강한 국방, 반공주의 철학을 실천해 나가면서도, 상대방을 악마화하지 않았다. 민주당 하원의장 팁 오닐과 저녁 식사를 함께하며 신뢰를 쌓았고, 소련과의 냉전에서도 '악의 제국'이라 비판하면서도 고르바초프와 끈질기게 대화했다. 그는 원칙과 유연성을 절묘하게 조율한 정치의 거장이었다. 지금 대한민국에는 이런 '대타협

형 리더십'이 사라졌다.

　이뿐만이 아니라 레이건은 '위대한 연설가'이자 '공감의 정치인'이었다. 그는 어려운 상황에서도 유머를 잃지 않았다. 1981년 암살 시도가 있었을 당시 수술실에 실려 가면서 "의사 선생님들, 다 공화당 맞죠?"라고 말한 일화는 유명하다. 이런 인간적인 유머는 국민과의 거리감을 좁히고 신뢰를 형성하는 자산이 되었다. 반면에 우리 정치인들은 어떤가? 유머 대신 공격을, 공감 대신 조롱을 택하는 경우가 많다. 레이건식 따뜻한 카리스마가 지금 한국 사회의 갈등을 치유하는 해독제가 될 수 있지 않을까?

　레이건은 강한 원칙, 따뜻한 인간미, 그리고 시대를 꿰뚫는 낙관주의를 뛰어넘어 침체된 국민의 '영혼'을 깨우고 '자존감'을 회복시킨 지도자였다. 지금 한국 사회는 리더십의 결핍과 함께 '통합', '희망', '자유'라는 단어가 진정성을 잃어가고 있다. 바로 이때, 레이건의 리더십은 한 시대의 전설을 넘어 오늘의 대한민국에 던지는 '살아있는 질문'이다.

6장

역사의 물결 속에서 길을 잃은 순간들

일본 아리타에 건립된 조선의 도예공 이삼평의 기념비

일본의 사무라이 애덤스와
조선의 광대 하멜

  국가가 국제정세에 눈이 어두우면 국가의 운명이 뒤바뀔 수 있는데, 이는 예나 지금이나 변함이 없다. 이러한 측면에서 17세기에 조선과 일본에 각각 표류한 외국인 하멜과 애덤스를 각국이 어떻게 다루었는지를 보면 매우 흥미롭고 우리에게 시사하는 바가 크다. 그래서 세상을 보는 눈이 중요한 것이다. 17세기 유럽은 동방진출을 위해 동인도회사를 설립하고 중상주의와 함께 치열한 상업전쟁을 벌이고 있었다.

  항해사인 영국의 윌리엄 애덤스William Adams는 5척의 배와 함께 극동 지역을 항해하다가 애덤스가 탄 '리프데호'를 제외하고 나머지 배들은 나포, 침몰, 귀국하게 되었다. 1600년 리프데호는 일본 동쪽 가마쿠라 해변에 선원 20여 명과 함께 마침내 표착하게 된다. 이들은 어떻게 되었을까?

  이들이 해적이니 처형하자는 의견도 있었으나, 일본은 애덤스로부터 조선술을 익혀 대형선박을 건조했고, 기하학, 수학, 항해술 등의 서양 지식을 섭렵했다. 또한 가톨릭과 기독교의 차이, 영국은 어떤 나라인지 등 당시 서양세계에 대한 정보를 얻을 수 있었다. 일본은 이러한 애덤스에게 미우라 해역에 영지를 하사하고 저택도 마련해주었다. 애덤스는 서양인으로서는 최초로 '사무라이'가 되었고, 외교고문으로도 활동하며 외국과 무역교류의 기회를 활짝 열었다. '미우라 안진'은 애덤스의 일본 이름이다. 이후 일본은 네덜란드 신학문이자 신지식인 난학蘭學을 받아들이며 당시 최신 과학기술을 비롯한 서양문물을 흡수하면서 근대화에 박차를 가했다. 이러한 개혁은 마침내 메이지유신으로 이어지며 일본의 운명이 바뀌게 된다.

그렇다면 조선에 표류한 하멜은 어떻게 되었을까? 1653년 일본으로 향하던 네덜란드 상인 배가 폭풍을 만나 제주도에 표착을 하게 되는데, 네덜란드 동인도회사 항해사인 핸드릭 하멜Hendrik Hamel은 36명의 생존자 중 한 명이었다. 조선에 온 하멜이 어떤 삶을 살았는지는 《하멜 표류기》를 통해서 알 수 있는데, "13년 28일 동안 우리는 광대처럼 춤을 추었고, 땔감을 구했고, 풀을 베었고, 담장을 만들었고, 논에 물길을 만들었다"고 기록되어 있다.

하멜은 고된 노역과 생활고에 지칠 대로 지쳐 1666년 마침내 억류 생활에서 목숨 건 탈출을 시도해 일본으로 건너갔다. 하멜 일행으로 당시 조선은 세상이 어떻게 돌아가는지, 국제 정세를 파악할 수 있는 절호의 기회가 있었음에도 불구하고 관심조차 보이지 않았다. 오히려 조선에서는 전남 강진, 여수 등지로 하멜 일행을 쫓아내지 않았는가? 조선은 국제정세에 소위 '까막눈'이 되었고, 중화사상과 쇄국 이데올로기에 갇힌 조선의 운명은 그야말로 세계 흐름과 거꾸로 가고 있었다.

애덤스와 하멜의 운명은 곧 일본과 조선의 운명이었으니, 국제정세와 교류, 개방이 양 국가의 운명을 갈라놓았다. 지금, 이 순간에 혹 우리가 '조선'의 우愚를 범하고 있는 것은 아닌지 살펴보아야 하지 않을까?

도자기의 역습

도자기 마을로 유명한 일본의 '아리타'에는 한국인 '이삼평'의 기념비가 있다. 비석 뒷면에는 '대은인'大恩人이라는 놀라운 문구가 기재되어 있다. 아리타에는 조선 도공인 '이삼평'을 기리는 신사神社까지 있다. 임진왜란은 '도자기 전쟁'이라고 불리는데, 임진왜란 당시 최고의 도자기 기술을 보유한 국가는 한국, 중국이었다. 일본은 당시 자기를 제작하는 기술을 보유하고 있지 못했으며, 도요토미 히데요시는 조선의 도공을 잡아오라는 명을 내렸다. 이 과정에서 끌려간 도공 중의 한 사람이 바로 '이삼평'이다.

사무라이 신분을 받으면서 1616년 마침내 조선 도공 이삼평에 의해 일본 백자 원년이 시작된다. 또한 이삼평, 심수관을 비롯한 수많은 조선 도공에 의해 17세기 일본 자기는 네덜란드 동인도회사를 통해 유럽에 알려지게 되면서 일본은 도자기 강국으로 대변신을 꾀한다. 이뿐만이 아니라 일본은 도자기 수출을 통해 유럽의 군함 구입과 군수물자 생산공장 건설을 비롯해 군사력을 강화해 군사 대국으로 나아가는 계기를 마련한다. 더욱이 가마기술을 철을 녹이는 데 활용함으로써 일본으로서 도자기는 그야말로 황금알을 낳는 거위가 되었고, 이후에 조선침탈이라는 화살이 되어 돌아왔으니 도자기의 역습이 아니고 무엇이겠는가?

그렇다면 조선의 상황은 어떠했을까? 조선은 화려한 도자기 기술을 가지고 있었음에도 불구하고 국제정세에는 깜깜했다. 중화사상에 젖어 있던 나머지 서양에 도자기를 수출한다는 생각 자체가 어려울 정도였다.

또한 《선조실록》에 의하면 도자기 기술자에 대해서도 "쇄환하지 않더라도 손해 볼일이 없다"라고 적고 있다. 즉 조선 도공들을 다시 조선으로 데리고 오지 않아도 무방하다는 입장을 지니고 있을 정도이니, 백성을 생각하는 지도층의 자세도 문제일뿐더러, 도자기 기술 및 도자기 기술자에 대한 중요성을 제대로 파악하지 못하는 뼈아픈 우를 범했다. 더욱 가슴 아픈 것은 조선 도공들 또한 고국으로 돌아갈 마음이 없었다는 사실이다. 오히려 도공 이작광은 조선으로 돌아와 동생 이경을 데려가는가 하면, 어떤 도공은 제자들을 데리고 다시 일본으로 돌아갈 정도였다. 다시 조선으로 돌아가면 고국에서 천민 대우를 받아가며 살아갈 생각을 하니 심경이 복잡했으리라. 일본에서는 사무라이 대접을 받으니 말이다. 1697년 숙종 때의 《승정원일기》에는 "이익을 위해 그릇을 만들지 못하니, 분원에서 굶어 죽는 자가 39명이나 된다"는 기록까지 있을 정도로 조선의 도자기 현실은 매우 비참하기 그지없었다.

이처럼 도자기의 역습은 우리에게 급변하는 21세기의 소리 없는 총성, 산업전쟁 시대에 많은 것을 시사하고 있다. 국제정세의 무지함으로 인해 국부창출을 할 수 있는 화려한 산업이 어떻게 망가질 수 있는지를 여실히 보여주기 때문이다. 한편, 도자기 기술을 앗아간 일본과 도자기 기술을 빼앗긴 조선에 대하여 '조선은 착했고 일본은 나쁘다'는 식의 일차원적 틀 속에서 일본을 비난하는 것을 뛰어넘어, 당시 우리가 놓쳤던 것이 무엇인지를 진지하게 반성부터 하는 것이 필요하다. 일본을 탓하기에 앞서 말이다. 그렇다고 일본의 행위가 옳다는 것은 전혀 아니다. 오히려 우리는 불편한 진실에 마주할 용기가 있어야 한다. 그래야 가슴 아픈 역사의 전철을 밟지 않을 것이다.

그토록 화려했던 도자기 강국이었던 우리가 자랑스럽게 생각하는 도공의 이름이 있는가? 조선은 사농공상에 얽매어 제대로 도공을 우대하지도 못했고, 도자기 산업을 키우지도 못했다. 경기도 광주에 있는 '무명도공의 비'의 외침이 들리지 않는가.

이와쿠라 사절단의 교훈

1871년 한국과 일본 두 나라의 미래에 있어서 매우 중요한 사건이 발생했다. 한국에서는 '신미양요'로 조선과 미국이 충돌하면서 목숨 건 '쇄국'과 척화비가 세워졌고, 일본에서는 목숨 건 '개방'의 '이와쿠라 사절단'이 해외로 떠났다. 이처럼 1871년은 '쇄국'과 '개방'의 갈림길이었으며, 조선과 일본의 운명은 뒤바뀌어 가고 있었다.

신미양요는 1871년 미국이 조선에 문호개방을 요구하며 강화도를 침공한 사건으로 조선군은 이에 맞서 처절하게 대항했다. 전투에서 우위를 점한 미군은 3명이 전사하고 10여 명이 부상당했으나, 조선군의 용맹함에 놀라 퇴각한다. 이를 계기로 조선은 서양 오랑캐를 물리쳤다며 전국에 척화비를 세우고 쇄국에 대한 의지를 불태운다.

우리가 척화비를 세우며 쇄국정책을 취하고 있을 때, 일본은 1871년에 외무부 장관을 단장으로 일본 고위관료로 구성된 '이와쿠라 사절단'을 꾸린다. 이들은 미국, 영국, 프랑스 등 10여 개국을 돌아보면서 서양의 문화, 정치, 경제, 군사, 교육 등에 관하여 거의 2년에 걸쳐 학습하며 대대적으로 견문을 넓힌다. 당시 국가 예산의 1%를 투입하는 '국가 중대 프로젝트'를 가동한 것이다. 현재 대한민국 예산의 1%이면 약 6조 원 이상을 투입한 프로젝트인 셈이니, 일본이 이와쿠라 사절단을 얼마만큼 중요하게 생각했는지 실감할 수 있다. 단장이었던 이와쿠라 도모미는 미국 상륙 한 달 만에 상투를 잘랐고, 사절단에 동행한 7세 소녀인 쓰다 우메코는 일본 최초의 여자 유학생이 되어 여성 교육의 선구자로서 5천 엔권의 지폐 인물로 새롭게 선정되었다. 그만큼 이와쿠라 사절단은 일본이 근대국가로 도약하는 데 매우 중요한 역할을 했다.

여기서 우리가 주목해야 할 점은 국제정세 판단에 따른 국가전략이다. 당시 조선은 국제정세에 너무 어두웠다. 일본이 근대화에 박차를 가하고 있는 상황도 모른 채, 병인양요 후에 조선이 일본에 보낸 서신에는 "서양 오랑캐들이 장차 사단을 일으키려는 것이며, 일본은 방비를 갖추고 대처하고 있는가?" 등의 참으로 안쓰러운 문구가 남아 있어, 우리의 가슴을 더욱 아프게 한다.

이미 이때 일본은 개항이 한창 진행되고 메이지유신이 태동하는 시기인 것을 감안하면, 조선은 안방에서 세상 물정을 너무나도 모른 채 있었다. 국제정세를 제대로 파악하지 못하면 국가의 운명이 어떻게 바뀌게 되는지를 너무나도 뼈저리게 보여주고 있지 않은가?

지금 지구촌은 미중 갈등을 비롯한 대 격변기를 겪고 있으며, 총성 없는 산업전쟁, 차가운 평화 시대로 치닫고 있다. 이뿐만이 아니라 산업패권 전쟁은 산업, 경제영역을 뛰어넘어 외교, 안보, 국방과도 밀접하게 연결되는가 하면, 바이오 및 블록체인, 인공지능, 양자혁명 등은 인류에게 새로운 도전의 손짓을 보내고 있다.

이러한 중차대한 시기에 이제 대한민국 산업경제 정책, 제도는 개방과 실용을 바탕으로 기업들이 세계를 종횡무진하며 거침없이 뻗어 나갈 수 있도록 '디딤돌'이 되어야지 '걸림돌'이 되어서는 결코 안 될 것이다. 또한 복잡한 국제정세의 역학관계를 풀어가기 위한 고도의 외교가 반드시 뒷받침되어야 한다. 문제가 발생하면 수습, 대응하는 '숙제하는 외교'가 아니라 국제정세를 꿰뚫으며 선제적으로 포석을 두고 세계를 주름잡는 '출제하는 외교'로의 대전환이 필요하다. 국내 정치 또한 삼류라는 오명에서 벗어나 글로벌 리더십의 진면목을 갖춰야 한다.

  이제 우리는 이와쿠라 사절단의 교훈을 가슴에 새기고, 눈을 부릅뜨고 국제정세를 간파하며 경제부국으로 힘차게 나아가야 한다. 더는 지체할 시간이 없다.

조선 은제련법의 외침이 들리는가

조선시대 은(銀)제련법인 회취법(灰吹法)! 회취법은 납이 포함된 은광석에서 녹는 점의 차이를 이용해서 납만 산화시키고 은을 뽑아내는 방법으로 당대 최고의 획기적인 첨단기술로 꼽힌다. 《조선왕조실록》에 의하면 "1503년 5월 18일에 양인(良人) 김감불과 노비 김검동이 임금(연산군) 앞에서 시연했다"고 기록되어 있다.

그렇다면 최첨단 은제련 기술은 향후 어떻게 되었을까? 결론부터 이야기하자면 조선이 개발한 당대 최고의 기술은 정작 조선에서 꽃 피우지 못하고, 일본으로 넘어가 빛을 발해 일본을 세계적인 은 생산국으로 성장시키는 밑거름이 되었으며, 급기야 일본이 임진왜란을 일으키게 하는 군사력 토대를 마련하게 되는, 비참하고도 어처구니없는 결과를 초래했다.

16세기는 대항해시대로 유럽과 아시아가 무역으로 연결되는 격변기를 맞이하고 있었다. 이때 은은 국제적으로 거래되는 통화로서 역할을 했다. 포르투갈과 명나라와의 무역, 동남아시아 플라카(말레이반도 서쪽 연안)에서 일본과 포르투갈의 무역을 비롯하여 은을 매개로 상업활동이 번성하고 있던 시기였다.

  이러한 국제정세 속에서 조선이 취한 전략은 세상 물정 모르고 국제사회 흐름에 완전히 역행하는 '은광폐쇄'였다. 심지어 국왕 선조는 은을 캐다 걸리면 국경지대로 강제 유배시켰다. 조선의 지도층과 선비들은 백성들이 사치스러운 금, 은을 캐면 농사철에 방해가 되고, 백성들이 이득에 눈이 멀게 된다는 관념에 사로잡혀 있었다. 백성을 부유하게 하는 것이 지도층의 역할이 아니던가?

  반면에 일본은 조선의 회취법을 들여와 새로운 운명을 맞이하게 된다. 은 생산량을 획기적으로 늘려, '이와미 은광'은 스페인이 점령한 볼리비아 포토시^{Potosi}를 누르고 세계 1위의 은광이 되었다. 넘쳐나는 은광과 함께 1543년 포르투칼로부터 조총^{철포} 2정을 구입한 일본은 이후 도요토미 히데요시에 의해 철포와 군선을 은화로 준비하며 마침내 임진왜란을 일으킨다. 우리에게는 너무나도 끔찍한 사건이고 치욕스런 역사이지 않은가?

국제정세에 대한 우매함으로 우리는 세계 최고의 은제련 기술을 통해 국부창출을 도모하고 격동의 대항해시대에 주역으로 우뚝 설 수 있는 기회를 날려버렸다. 이로 인한 백성의 고통은 너무나도 힘겨웠다. 통탄할 일이 아닐 수 없다.

지금 전 세계는 인공지능혁명의 대 격변기에 직면해 있다. 플랫폼 경제, 순환경제, 수소경제, 블록체인, 인공지능, 암호화폐, 바이오 등 무궁무진한 기회가 펼쳐지고 있다. 이러한 세계 산업경제의 흐름을 자동차 경주에 비유하면, 순위가 안 바뀌는 직선코스가 아니라 순위가 바뀌는 곡선코스에 있는 것에 주목할 필요가 있다. 국부창출에 있어서 절호의 기회인 셈이며 국가의 운명이 뒤바뀔 수 있는 매우 중요한 시기이다

따라서 앞서 강조했듯이 정부의 각종 정책, 제도, 규제 등이 국부창출의 '걸림돌'이 아니라 '디딤돌'이 되도록 해야 할 것이다. 또한 21세기 산업패권전쟁은 산업, 경제를 뛰어넘어 외교, 안보와도 긴밀하게 연결되어 있어 고차원 방정식을 풀어가는 혜안과 통찰이 더욱더 절실하다. 정부와 국회는 국제정세를 꿰뚫고 포석을 두는 전략이 절실하며, 기업은 이에 발맞추어 지구촌을 거침없이 누비며, 전 세계에 우뚝 서는 대한민국의

새로운 역사를 써 내려가야 한다.

회취법의 우愚를 범해서는 안 된다. 이것이야말로 조선시대 은제련법의 쓰라린 외침에 후손인 우리가 화답하는 길일 것이다. 역사를 모르는 민족에게 미래는 없다.

선조는 어느 나라 군주인가

 조선 역대 왕 중에서 최악의 군주를 뽑으라 하면 그중 한 명은 선조일 것이다. 물론 모든 국왕이 그렇듯이 재임 기간 동안 공과가 존재하기 마련이다. 다만 잘한 것보다는 못한 것이 많거나, 결정적인 악영향을 끼쳤기에 최악의 군주에 이름이 오르내리기도 한다. 그만큼 국가 지도자의 리더십에 따라 한 국가의 존폐와 운명이 뒤바뀔 수 있기에 지도자의 중요성은 이루 말할 수 없다. 임진왜란으로 나라를 도탄에 빠뜨리고 백성을 고통으로 몰아넣은 선조가 주는 교훈을 되새겨 봐야 한다.

 첫 번째, 지도자는 국제정세를 읽는 눈이 있어야 한다. 이는 국가안보와 경제부흥과 직결되어 있다. 16세기 유럽은 대항해 시대를 열며 동서양이 무역으로 연결되고, 상업자본의 활성화 속에서 경제적으로 급성장을 하며 대격변기를 맞이하게 된다. 1543년에는 포르투갈 사람이 선박 표류로 인해 일본 큐슈 다네가시마에 상륙했고, 16세의 다네가시마의 영주 다네가시마 도키다카는 조총 2자루를 구입하는 역사적인 사건이 발생한다. 이 조총의 총구는 마침내 우리나라를 향하게 된다.

조선도 1586년 대마도를 통해 조총을 입수했지만, 별로 관심이 없었다. 명장으로 불리던 신립 또한 "조총이 있더라도 어찌 쏠 때마다 맞겠습니까" 하며 무시했고, 마침내 탄금대 전투에서 대패하고 전사했다. 전운이 감도는 상황 속에서 조선은 '전쟁은 무슨 전쟁'이냐고 하면서 백성들에게 전쟁 불안감을 키울 필요가 없다고 판단하고, 일본 침략 대비는커녕 신하들은 권력 다툼에 혈안이 되어 있었다. 결국 일본은 임진왜란 발발 20여 일 만에 한양도성까지 치고 들어왔다. 국제정세를 읽지 못한 조정은 진정 국가와 국민을 위한 것이 아니었다. 선조는 대낮이 아닌 새벽에 도성을 버리고 의주로 피신했으며, 참혹한 전란의 피해는 고스란히 선량한 백성들의 몫이었다.

두 번째, 선조는 국가와 백성보다는 일신의 보위를 중요시한, 매우 무능하고 비겁한 군주였다는 점이다. 선조는 백성들로부터 이순신의 신망이 올라가자 이순신을 영웅으로 대접하기는커녕 이순신을 파직했는가 하면, 왜군이 채 물러나기도 전에 김덕령을 비롯한 의병들을 역모죄로 죽이기까지 했다. 국난의 대 위기 속에서도 선조와 기득권층은 권력에 눈이 멀어 있었으니, 도대체 어느 나라 군주이고 신하인가?

또한 선조는 망해가는 조선을 다시 일으켜 세운 명나라의 은혜를 '재조지인'再造之恩이라는 말로 기리고, 전란 극복의 공을 명나라에게 돌렸으며 본인이 명나라 군대를 끌어들여 나라를 구한 임금이라는 논리를 폈다. 임진왜란 후 선조가 공신 선정을 한 것을 보아도 알 수 있는데, 선무공신宣武功臣 18명, 호성공신護聖功臣 86명이었다. 선무공신은 전투에 참전한 장수들이, 호성공신은 서울에서 의주까지 몽진하며 임금을 모신 사람들이 그 대상이었으며 여기에는 마부, 내시들도 포함되었다. 나라를 빼앗길 위기에 있어서 목숨을 걸고 싸운 사람들보다 왕의 피신을 도운 사람의 숫자가 훨씬 많은 것도 문제이거니와, 선무공신에는 홍의장군이라 불린 의병장 곽재우를 비롯한 의병들은 빠져 있었으니 누가 보아도 제대로 된 평가가 아닌 사상 최악의 논공행상이었다. 누가 이후에 전쟁에 참여하여 나라를 구하겠는가? 선조는 과연 어느 나라 군주인지 묻지 않을 수 없다.

삼전도의 굴욕을 자초한 인조

조선왕조에서 가장 치욕스러운 장면을 하나 꼽으라 한다면 아마도 인조의 '삼전도의 굴욕'이 아닐까 한다. 탁상공론만 일삼는 지도자와 기득권층의 안일한 생각이 얼마나 국가를 위기로 내몰리게 하고 백성을 도탄에 빠뜨리게 하는지를 여지없이 보여주었기 때문이다. 변방의 오랑캐로 여긴 후금, 청나라를 무시하고 요동치는 국제정세에 아랑곳하지 않았으며 명나라를 하늘같이 신봉한 나머지 빚어진 처참한 사건이었다.

여기서 우리가 병자호란 전에 주목해야 할 것은 광해군의 중립외교이다. 임진왜란 이후 한국, 중국, 일본의 동아시아는 격변의 시기를 맞이하고 있었다. 중국은 명나라가 쇠퇴하고 후금, 청이 급부상하고 있었다. 그러나 조선은 이러한 국제정세에 아랑곳하지 않고 명나라 편을 들고 있었다. 이때 광해군은 매우 파격적인 횡보를 보인다. 명이 조선에 군대를 요청할 때 광해군은 명, 청 어느 한쪽에 치우치지 않음으로써 명에 군사를 파견했음에도 명, 청의 전쟁에 휘말리지 않을 수 있었다. 또한 광해군은 일본과 국교를 재개하는 실용외교를 구사하기도 했다.

반면에 인조는 어떠했는가? '친명배금'이라는 실속 없는 명분으로 결국 위기를 자초하고 만다. 바로 1636년에 벌어진 병자호란이다. 병자호란으로 남한산성으로 피난한 인조는 잠실까지 끌려와 삼전도 앞에서 청태종인 홍타이지에게 머리를 조아리는 삼궤구고두례三跪九叩頭禮를 하며 굴욕적인 군신관계를 맺는다.

삼전도 굴욕 이후 인조의 아들인 소현세자는 8년간 청나라에서 인질 생활을 하면서 청나라의 문물을 학습하고 청과의 관계를 형성해갔다. 소현세자가 귀국할 때 인조를 비롯해서 조정 대신들은 반갑게 맞이하지 않았다. 무능한 인조는 청나라가 인조를 몰아내고 아들인 소현세자를 왕위에 앉힐까 질투하고 경계했으며, 신하들은 신하들대로 '숭명반청'이 자칫 퇴색하면서 기득권을 상실하지 않을까 우려했다. 이러한 미묘한 상황 속에서 소현세자는 의문의 죽음을 맞이한다. 소현세자를 통한 청나라 신문물인 북학이 조선에 스며들지 못하고 좌절되는 순간이었다.

 소현세자의 죽음에 대해서는 독살설이 제기되기도 한다. 그러나 심증만이 있을 뿐 물증은 없다. 소현세자의 죽음 이후에 인조의 행동은 더욱 기이했다. 인조는 소현세자 부인 강씨에게 사약을 내리고, 소현세자 아들 3명은 제주도로 유배를 보냈다. 이들 가운데 2명은 유배 생활을 하다가 죽음을 맞이한다.

 임진왜란 이후 우리는 병자호란을 겪고 치욕스런 삼전도의 굴욕까지 겪었다. 왜 우리는 동일한 역사를 반복한 것일까? 우리가 역사를 배워야 하는 이유는 바로 여기에 있다.

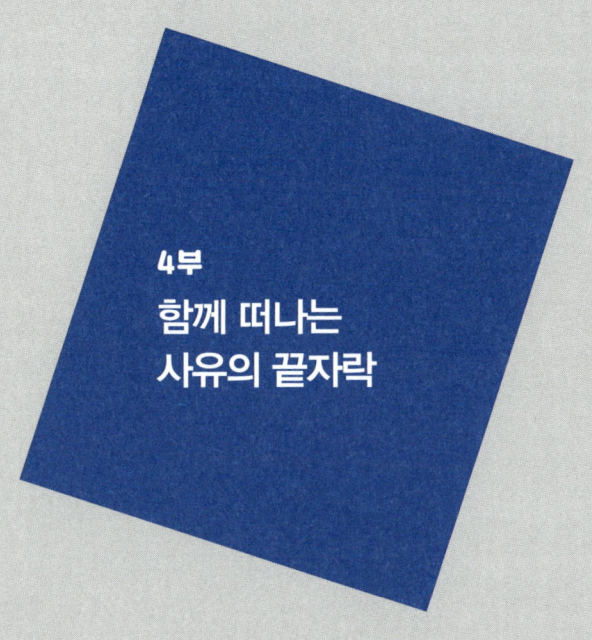

4부
함께 떠나는
사유의 끝자락

7장

민국아! 어디 가니?

오랜 세월 동안 우리 민족과 함께해 온 무궁화는
법적으로 공식 지정된 국화가 아니다.

글륔 아우프!
기적을 캐낸 파독 광부와 간호사

"광원 여러분, 간호원 여러분! 난 지금 몹시 부끄럽고 가슴이 아픕니다. 우리 후손만큼은 결코 이렇게 타국에 팔려 나오지 않도록 하겠습니다."

국가원수로서는 처음으로 서독을 방문한 박정희 대통령의 뒤스부르크 교외의 공회당(타운홀)에서 진행된 연설의 한 대목이다. 1964년 12월 10일. 1인당 국민소득이 103달러로 아시아 최빈국이었던 대한민국! "대한 사람 대한으로 길이 보전하세." 애국가와 함께 참석한 사람들은 눈물범벅이 된 역사적인 날이었다. 처참하게 가난했던 대한민국은 '파독 광부와 간호사' 임금을 담보로 1억5천 900만 마르크(약 4000만 달러)의 차관을 얻어내며 산업화와 경제발전의 초석을 다지는 계기를 마련했기 때문이다. 이들이 한국으로 보낸 송금액은 한국 수출액의 2%에 달했으며, 정부는 파독 근로자들의 송금과 독일의 차관을 종잣돈 삼아 산업단지 및 고속도로 등을 추진할 수 있었다. 이들이 겪었던 애환과 역경, 땀과 눈물은 감히 형언하기조차 어렵다.

한국전쟁의 비극 속에서 폐허가 된 대한민국을 두고 당시 유엔한국재건위원회UNKRA의 벤가릴 메논은 "쓰레기통에서 장미꽃이 피겠는가?"라고 할 정도로 우리나라는 처참하고 절망적이었다. 그러나 지금 어떤가? 대한민국은 원조를 받던 나라에서 원조를 주는 나라로, 전 세계 경제 10위권의 위용을 자랑하며 '한강의 기적'이라는 역사를 거침없이 써 내려갔다. 그러하기에 우리 모두 파독 광부 및 간호사의 숭고한 헌신과 희생 속에서 피어난 대한민국에서 살아가고 있다고 해도 과언이 아니지 않을까?

그렇다면 앞서 이야기한 '눈물의 연설'이 이루어진 뒤스부르크 공회당을 비롯하여 파독 광부, 간호사의 위대한 발자취를 기념하는 곳은 지금 어떻게 되었을까? 유럽 최대 일관―貫 제철소인 티센크루프제철소 아래 허름한 주택가에 자리한 공회당은 60년 전 박정희 대통령과 육영수 여사가 찾아와 파독 광부들과 간호사들을 격려한 '역사적 현장'임에도 눈물의 연설을 기억할 만한 공간조차 제대로 남아 있지 않다. 또한 독일

옛 탄광 도시인 '에센'에 있는 '파독광부기념회관'은 파독 광부 관련 중요자료와 기념물이 보관되어 있음에도 불구하고 찾는 사람들도 별로 없을뿐더러 제대로 관리가 되지 않아 퀴퀴한 냄새로 가득하고 먼지만 쌓여가고 있을 정도로 열악하다.

그럼 우리나라는 어떤가? 2020년에서야 그나마 '파독광부간호사법'이 통과되었으나, 관련법에는 이들에 대한 지원 및 기념사업들이 포함되어 있음에도 불구하고 실질적인 지원이 부족하다는 지적이 많다. 이뿐만이 아니다. 2013년에 개관한 '파독기념관'이 서울 양재에 있지만, 그 사실을 아는 국민이 과연 몇 명일까? 더군다나 기념관은 평일만 관람이 가능하다. 주말과 일요일에는 폐관을 하고 있다.

이것이 선진국 대한민국의 모습이란 말인가? 너무나도 부끄럽지 않은가! 진정 산업화와 경제발전의 초석을 마련했던 우리들의 영웅이 파독 광부, 간호사라는 사실을 망각했는가?

'글뤽 아우프'(파독 광부들이 매일 아침 지하갱도에 내려가기 전, 서로의 무사 귀환을 바라며 나눈 독일어 인사말)의 외침이 정녕 들리지 않는가? 이와 더불어 한국에 와 있는 '외국인 노동자'들을 역지사지의 자세로 우리가 어떻게 대해야 할지 진지하게 고민할 필요가 있다.

태극기 휘날리며

미국을 방문했던 많은 사람이 감탄하는 풍경 중의 하나는 어디를 가든 성조기가 눈에 띈다는 점이다. 정부청사, 학교, 거리뿐만이 아니라 기업건물, 쇼핑몰, 레스토랑 같은 상업적 공간에서도 성조기를 흔히 볼 수 있다. 그만큼 성조기는 일상에 자연스럽게 스며들어 미국인들에게 국가에 대한 자긍심과 소속감을 심어주는 역할을 한다. 또한 성조기는 애국심의 표현을 넘어서, 공동체의 상징이자 서로 다른 배경을 지닌 이민자들의 통합을 이루는 매개체이며, 개인과 국가 간의 유대감을 강화하는 '국가상징물'로 작용하고 있다.

우리나라는 어떤가? 평상시 길거리는 물론이거니와 국경일조차도 태극기가 펄럭이는 모습을 보기가 쉽지 않다. 1936년 베를린올림픽 마라톤에서 금메달을 딴 손기정 선수가 그토록 달고 싶었던 것이 '태극마크'였지 않은가? 한국전쟁 때 서울을 수복하며 게양했던 것 역시 태극기가 아니던가?

  대한민국의 높아진 경제적 위상과 K팝의 글로벌 인기에 힘입어 우리나라 인지도가 높아졌기에 외국인들이 '태극기'를 잘 알 것으로 생각할 수 있겠지만, 프랑스의 한 뉴스 채널 사례에서는 태극기를 일장기처럼 그려 보도하기도 하는 어처구니없는 일이 발생하기도 한다.

  한편, 태극기만큼 심오한 우주의 철학을 담고 있는 국기가 있을까? 원자의 구조를 밝힌 공로로 1922년 노벨물리학상을 받은 세계적인 물리학자 닐스 보어는 '상보성 원리'Complementarity Principle로 유명하다. 상보성 원리는 우리가 일상에서 경험하는 두 종류의 상반되는 명제가 동시에 성립한다는 이론으로 양자역학 발전에 이정표가 되었으며, 아인슈타인의 연구에도 영향을 주었다. 여기서 한 가지 주목할 것은 닐스 보어의 '음양철학'이다. 보어의 이론은 태극에서 영감을 얻었으며, 보어는 노벨상을 수상할 때 태극 문양의 의상을 착용했는가 하면, 보어 가문家門의 문장紋章에도 태극 문양을 새겨넣을 정도로 태극 매니아였다. 그리고 태극 문양 위에는 라틴어로 '대립적인 것은 상호 보완한다'Contraria sunt complementa라는 글귀가 쓰여 있는데 이는 우주의 음양의 이치를 보여주고 있다. 덴마크 정부는 보어의 업적을 기리기 위해 500크로네 화폐에 태극도를 배경으로 한 그의 초상화를 새겨 넣기도 했다.

이처럼 우주 삼라만상의 근원이자 우주 만물이 음양의 상호 작용으로 생성하고 발전하는 대자연의 진리를 형상화한 태극기에는 조화와 상생의 정신이 깃들어 있어 신비롭기까지 하다. 태극기 자체는 우리나라 국기이지만, 태극기에 깃든 정신은 21세기 인류의 시대정신을 내포하고 있는 '지구촌 보물'이라고 보아도 과언이 아니다.

이뿐만이 아니다. 태극기는 '디자인' 그 자체만으로도 주목을 받았다. 루이뷔통 수석 디자이너인 버질 아블로는 수년 전 한 인터뷰에서 "다양한 나라의 국기에서 영감을 받는데, 그중 태극기를 제일 좋아한다"고 밝힌 바 있으며, 뉴욕 패션위크에서 가슴에 태극기가 들어간 슈프림 후드 티셔츠를 입기도 했다. 패션으로서의 태극기의 매력이 돋보이는 대목이다. 요즘 젊은층 사이에서도 태극마크가 달린 'ROKA' Republic of Korea Army 티셔츠 등의 밀리터리룩이 새로운 매력을 발산하며 인기다.

이처럼 자랑스럽고 훌륭한 태극기가 우리나라 국기라는 것에 대한 무한한 자부심과 긍지 속에서 대한민국 방방곡곡 태극기가 펄럭이게 하자. 분열과 갈등을 넘어서 조화와 상생 속에서 태극의 후예답게 태극정신을 실천하며 아름다운 사회를 일구어 나아가고, 지구촌에 모범이 되는 국가와 국민으로 거듭나면 어떨까? 내친김에 '국기의 날'(태극기의 날)을 법정기념일로 제정하여 온 국민이 하나 되는 더없이 소중하고 뜻깊은 축제의 장을 펼치면 더할 나위 없겠다.

국회의원 VS 국해(國害)의원

일전에 한국을 방문한 스웨덴의 올레 토렐Olle Thorell 의원과 함께하는 시간을 가졌다. 필자의 초청으로 올레 토렐 의원은 광운대학교 방문과 더불어 광운초등학교에서 미래의 주인공인 어린이들에게 푸근한 이미지로 열띤 강연을 하며 신선한 인상을 남겼다. 사민당 소속의 5선 의원인 올레 토렐은 스웨덴-한국 의원친선협회장을 맡고 있어 한국에 대한 애정이 남달랐다. 올레 토렐 의원과 함께하며 특권 없는 스웨덴 국회의원과 특권 가득한 대한민국 국해國害의원의 모습이 묘하게 교차했다. 물론 열심히 하는 의원분들도 있지만, 참으로 서글픈 대한민국의 현실이다.

스웨덴 의원들은 출퇴근 시 자전거나 도보를 이용하는 것이 보편적이다. 개인 보좌진이 없으며 의원 2명당 1명의 보좌진을 둔다. 의원사무실 또한 협소하다. 해외 출장 시 비행기는 비즈니스석이 아니라 이코노미 좌석을 타고 다닌다. 또한 무노동 무임금 원칙이 적용되며, 불체포특권 같은 것은 아예 생각조차 할 수도 없다. 급여 또한 일반 봉급자보다 조금 많은 수준이다. 그럼에도 불구하고 스웨덴 의원의 의정활동은 전 세계 최고 수준이며, 가장 열심히 공부하고 일하는 정치인으로 찬사를 받는다. 이뿐만이 아니라 정치인 청렴도에 있어서도 스웨덴은 전 세계 최고를 자랑한다. 대표적으로 업무용 카드로 초콜릿을 구입했다가 정계에서 물러난 스웨덴의 최연소 부총리였던 '모나 살린' 이야기만 보더라도 가히 청렴도 수준이 어느 정도인지 가늠할 수 있다. 그러하기에 스웨덴 의원들은 '정치엘리트' 또는 '특권계급'과는 거리가 멀다.

반면에 대한민국은 어떤가? 한마디로 표현하면 가슴 아프지만 '국회의원 천국'이라 불린다. 불체포특권, 면책특권을 누리며 '방탄국회'라는 오명이 나돈다. 정치인들은 선거 때마다 특권 폐지를 이야기하지만 정작 선거가 끝나면 나 몰라라 하고 그냥 지나간다. 의원 연봉 또한 전 세계 상위권이다.

스웨덴이 '무노동 무임금'인 반면 우리나라 국회의원은 일을 하지 않아도 고액의 월급을 받는다. 그야말로 '무노동 유임금'인 셈이다. 우리 국민이 피땀 흘려 번 돈을 세금으로 낸 것이 이처럼 매일같이 줄줄 새고 있다. 보좌진은 국회의원 당 무려 9명까지 둘 수 있는 구조이다. 이처럼 대한민국 국회의원은 연봉 및 특권에서 전 세계 최고 수준이나, 삼류정치를 벗어나지 못하고 있으며, 국민에게 한탄과 실망을 적잖이 안겨주고 있다. 주인인 국민의 대리인임을 망각한 지가 너무 오래되었다. 방송에서 소위 '돌발영상'에 나오는 정치인들의 모습을 보고 있노라면 '이것이 정말 세계 10위권 국가 정치인들의 모습인가?' '해도 너무 한 것 아닌가?' 하는 생각이 든다. 대한민국 헌법 46조에는 "국회의원은 국가이익을 우선하고 양심에 따라 직무를 행한다"라고 되어 있는데, 왜 이렇게 심한 괴리감이 느껴지는 것일까?

프로야구에서는 외국에서 용병선수를 기용하여 전력을 증강한다. 우리도 외국에서 용병의원들을 데리고 와서라도 반듯한 정치, 꽃보다 아름다운 정치가 이루어지는 대한민국이 되면 얼마나 좋을까? 하는 생각이 들 정도이다. 대한민국의 정치가 얼마나 낙후되었기에 오죽하면 필자가 이런 생각까지 했을까? 대한민국 정치가 미래 대한민국에 있어서 더는 '걸림돌'이 아닌 '디딤돌'이 되길 바라며, 국회 및 국회의원 존재의 이유를 국민에게 제대로 보여주며 행복과 희망을 선사해주길 기대한다.

도산의 외침! 그대는 나라를 사랑하는가

'대한민국'이라는 나라는 어떤 나라인가? 말로 다 형언할 수 없는 일제식민지의 고통과 참담한 한국전쟁의 폐허를 딛고 일어나 원조를 받던 나라에서 원조를 주는 국가로 우뚝 선 국가! '기적을 캐낸 대한민국'이라고 해도 과언이 아니지 않은가? 독립운동가들의 숭고한 희생, 국군과 UN군의 헌신, 파독광부/간호사들의 눈물겨운 노력, '돼지털'(1961년 수출 10대 품목)에서 '디지털' 최첨단제품을 수출하는 나라로 도약한 대한민국의 발전상은 감격 그 자체이다.

이처럼 수많은 희생과 헌신, 피와 땀, 눈물로 이루어진 대한민국은 지금 어떠한가? 갈등과 대립, 혐오와 반목과 불신, 이기주의로 몸살을 앓고 있다. 순국선열과 호국영령이 이 모습을 본다면, 과연 어떤 심정일까? 차마 고개를 들 수 없을 정도로 송구한 마음 금할 길 없다.

특히 올해는 광복 80주년의 해이다. 지금 국제사회는 미중 패권, 보호무역주의, 자국 우선주의, 포퓰리즘 등 매우 복잡한 질서로 재편되고 있어, 그 어느 때보다도 정신 바짝 차려야 할 중차대한 시기이다. 기적을 캐낸 대한민국은 이제 광복 80주년을 맞이하여 통합과 화합으로 '초일류국가'라는 새로운 도약을 준비해야 한다.

이런 의미에서 필자는 '도산 안창호 선생의 사상과 정신'을 재조명할 필요가 있다고 생각한다. 그 어느 때보다도 구국의 일념으로 흘린 그의 눈물과 땀방울이 고스란히 담겨 있는 '도산 정신'이 비밀병기가 될 수 있기 때문이다. 도산이 누구인가? 조국의 독립과 민족화합을 위해 한평생을 바친 지도자다. 교육자이자 독립운동가인 도산 안창호 선생의 애기이타愛己利他 정신은 통합과 화합, 존중과 포용의 성숙사회로 나아갈 수 있는 '나침반'이다.

도산은 인격적 지도자 양성의 핵심가치인 무실務實, 역행力行, 충의忠義, 용감勇敢의 4대 정신을 강조했다. 이는 흥사단의 기본 정신으로, 참되고 진실하며, 행동으로 실천하고, 충성과 신의를 지키며, 옳은 일 앞에 두려움 없이 나아가자는 그의 가르침은 인성이 무너지고 있는 우리 사회에 더욱 절실하다. 도산은 또한 자아 혁신과 투철한 도덕심 없이는 민족의 번영과 행복은 있을 수 없다고 했다. 마치 도산 안창호 선생이 지금 환생하여 우리 사회에 따끔하게 혼을 내주고 있는 듯한 느낌이 든다. 도산의 '애기이타', '무실역행'은 단지 독립운동의 유산이 아니라, 미래 대한민국을 위해 활활 타올라야 할 시대정신인 셈이다.

미국 캘리포니아주는 안창호 선생의 정신을 기리기 위해 안창호 선생의 탄신일인 11월 9일을 '도산 안창호의 날'로 제정한 바 있고, LA에는 '도산 안창호 우체국'과 '도산 안창호 인터체인지'라는 도로도 볼 수 있는데, 이제 우리도 '도산'을 국가적으로 기념할 때이다.

최근에는 예술의 전당에서 오페라 〈도산〉 공연이 펼쳐졌는데, 필자는 오페라 〈도산〉 조직위 공동위원장을 맡은 바 있다. 이제 우리 모두 도산공원의 '도산 안창호 기념관'을 찾아가, 그의 숭고한 정신을 되새겨보는 것도 좋지 않을까 생각한다.

"그대는 나라를 사랑하는가? 그러면 먼저 그대가 건전한 인격이 되어라."

이제 한강(漢江)을 한강(韓江)으로 바꾸자

필리핀, 가나보다 못살았던 대한민국은 어느덧 전 세계 200여 국가에서 경제 10위권의 위상을 지니고 있으며, 원조를 받던 나라에서 원조를 주는 나라가 될 정도로 비약적인 발전을 이루었다. 이를 두고 많은 사람은 '한강의 기적'이라고 부른다. 최근에는 소설가 한강 작가가 노벨문학상을 수상함으로써 아시아 여성 최초 수상자라는 타이틀까지 거머쥐었다. 강 이름인 '한강'과 작가 이름인 '한강'의 중의적 표현으로 '한강의 기적'이라는 문구가 새롭게 언론을 대거 장식했다.

그런데 여기서 놀라운 것이 있다. 대한민국을 대표하는 '강'인 '한강'의 한자가 어떤 것인지 아는가? 바로 '한나라 한' 자를 사용하여 '漢江'으로 표기한다. 운전하다 보면 교통표지판의 '한강대교'의 한자 역시 한강대교漢江大橋로 표기되어 있다.

우리나라 명칭은 '대한민국'大韓民國, 줄여서 '한국'韓國으로 표기한다. 그래서 우리나라 전통의복을 한복^{韓服}으로 표기하고 있으며, 우리 고유음식은 한식^{韓食}으로 표기하고 있지 않은가? 한옥^{韓屋}도 마찬가지이다. 이러한 맥락을 고스란히 적용하면, 우리나라 대한민국을 상징하는 한강의 한자표기는 상식적으로 '韓江'이 되어야 하지 않는가? 한복이나 한식의 한자를 만약 漢服, 漢食으로 표기해 사용하고 있다고 해보자. 어떤 느낌이 드는가? 그렇다. 당장 바꿔야 한다는 생각이 들 것이다.

더군다나 '한강'이라는 명칭의 유래를 살펴보면 '큰 물줄기'를 의미하는 '한가람'에서 유래되었다고 한다. '한'이란 크다, 넓다, 길다, 가득하다 등의 의미이며 '가람'은 강의 옛말이다. 즉 한강은 '크고 넓으며 가득한 물이 흘러내리는 강'이라는 뜻이다. 거슬러 올라가 고구려 때는 '아리수', 백제 때는 '욱리하'라고 불렀는데 공히 으리으리하다, 크다는 의미를 내포하고 있었다. 고려 때는 '열수'라 불렀는데, '큰 물줄기가 맑고 밝게 뻗어내리는 긴 강'의 의미를 지녔다고 한다.

한자 '韓'은 뜻풀이 측면에서 종교적 의미와 정치적 의미를 복합적으로 이룬 고대부터 내려온 낱말로 '하나', '하늘', '크다' 등의 뜻을 지니고 있기에 한자 의미와 해석 측면에서도 그리고 역사적인 흐름 속에서도 한강은 '韓江'으로 표기되어야 마땅하다.

그렇다면, 중국 한漢나라를 연상시키는 한자를 굳이 계속 사용할 필요가 있을까? 가뜩이나 중국이 동북공정, 김치파오차이공정, 한복공정 등을 펼치며 논란이 되고 있지 않은가?

이제 지체하지 말고 '한강'의 한자표기를 바꾸자. 그리고 앞으로 영국의 템즈강, 프랑스의 센강처럼 우리의 자랑스런 대한민국 한강Han River도 외국인들에게 세계적인 관광명소로 거듭나도록 담대한 '한강전략'Han River Strategy을 수립하자. 아울러 한강을 방문하는 내외국인 모두가 한강의 맑고 밝은 에너지를 받으며, 인생의 크고 작은 많은 기적을 만들어 갔으면 한다. 한강은 그런 곳이어야 한다. 한강은 '기적의 아이콘'이지 않은가.

국경일의 새로운 풍경과 가치

　대한민국에는 나라의 경사스러운 날을 기념하기 위해 법률로 지정된 국경일(삼일절, 제헌절, 광복절, 개천절, 한글날)이 있으며, '현충일'처럼 정부가 제정 및 주관하는 국가기념일(법정기념일)이 있다. 그런데 이러한 숭고하고 뜻깊은 날들이 어느덧 국민들에게는 그저 '빨간 날'로 여겨지고 있는 듯해 매우 안타깝다.

　더 심각한 것은 국경일에 대한민국 한복판인 광화문과 시청에서 대대적인 집회가 열리는가 하면, 때에 따라서는 정치 진영, 이해관계 갈등 속에서 서로 '세'를 과시하는 듯한 맞대응 집회가 개최되기도 한다는 점이다. 이제부터라도 국경일의 참뜻을 가슴 깊이 새긴다면, 365일 중에서 적어도 국경일에는 집회를 자제, 금지하도록 하면 어떨까.

　대표적으로 '현충일'을 생각해보자. 나라를 위해 귀한 목숨을 바친 분들을 기억하는 이 날은 그분들의 희생이 있었기에 지금의 대한민국이 있다는 것을 생각하는 날이다. 그러하기에 고귀한 희생을 잊지 않겠다고 다짐하는 숭고하고 경건한 날이다.

나라를 위해 목숨을 바친 순국열사가 안장된 국립현충원에는 무려 4대가 안장된 가문이 있다. 이남규-이충구-이승복-이장원 등 4대에 걸쳐 애국충정을 한 호국 명문인 수당修堂 이남규李南珪 가문의 이야기는 가슴 뭉클하다. 항일운동 및 한국전쟁으로 4대가 순국했으며, 당대 최고의 요직을 거친 소위 엘리트 계층이었던 이남규 선생의 노블레스 오블리주 정신은 지금 대한민국 사회의 지도층과 지식인에게 큰 경종을 울리기에 충분하다. 순국선열은 우리에게 '그저 그런 대한민국'을 만들라고, '편 가르기' 하라고 목숨을 희생하지 않았다. 이분들에게 화답하는 길은 '대한민국을 지켜주셔서 감사하는 마음으로 하나로 똘똘 뭉쳐 융성한 대한민국을 만드는 것'이어야 한다. 이처럼 고귀하고 숭고한 현충일의 의미와 순국선열들을 생각한다면 집회나 시위를 하는 일은 재고해보아야 하지 않을까?

개천절은 어떤가? 기원전 2333년으로 거슬러 올라가 유구한 '반만년'의 찬란한 역사를 지닌 우리 역사의 시작인 '고조선' 건국을 기념하는 국가경축일이다. 건국을 기념하는 경축일이라면, 대한민국 방방곡곡 온통 기쁨과 환희가 넘치는 축제 분위기로 가득해도 모자랄 판에, 그날 대한민국 한복판에서 대대적인 집회가 열린다는 것은 너무나도 안타깝고 부끄러운 일이다. 오히려 5천 년의 찬란한 문화와 역사를 지닌 '코리아' 브랜드를 지구촌 80억 시민들에게 알리며, 우리의 국격을 높일 수 있는 절호의 기회를 한 방에 날리는 격이다.

고조선의 건국이념인 '홍익인간' 정신은 우리나라 '교육기본법' 제2조인 '교육이념'에 명시되어 있다. 5천 년을 이어온 홍익인간 정신은 우리의 국조 철학을 뛰어넘어, 국가 이기주의가 팽배한 21세기에 인류의 새로운 시대정신^{Zeitgeist}으로 자리매김할 만한 지구촌의 보물이기도 하다. 지금 많이들 이야기하는 '세계 시민정신'과 일맥상통하는 것이 바로 '홍익인간'의 정신이지 않은가? 다른 국경일인 삼일절, 광복절, 제헌절, 한글날의 고귀함과 위대함은 말할 것도 없다.

국경일의 의미를 잊고 국경일을 쉬는 날, 집회의 날로 도배한다면 우리의 얼과 혼을 내동댕이치는 일이자 한마디로 얼빠진(?) 민족이 되는 것이다. 이제부터라도 우리 국민 모두 국경일과 현충일에는 기념일의 참된 의미를 되새기며, 애국심과 자부심을 느끼고, 애국지사인 수당 이남규를 기리기 위해 세운 '수당기념관' 같은 곳을 방문해보면서, 미래를 향한 내 삶을 되돌아보는 시간을 가지면 어떨까? 무엇보다도 국경일만큼은 대한민국 심장이라 불리는 광화문, 시청 주변이 '집회'의 장소가 아닌, 국경일의 숭고한 얼과 뜻으로 가득한 행사들로 온 국민이 함께하는 각별한 장소가 되어야 한다.

국가는 저절로 조국이 되지 않는다

〈챈스 일병의 귀환〉Taking Chance, 2009이라는 영화는 이라크 전쟁에서 전사한 19세의 '챈스 팰프스' 일병의 유해를 고향까지 운구하는 과정을 담고 있는 실화이다. 마이클 스트로블 중령이 호송 임무 과정에서 겪은 감동을 담은 〈한 해병의 집을 향한 여정〉이라는 수필을 영화로 제작한 것이다.

운구 과정 순간순간에서 보여준 스트로블 중령의 모습을 비롯해 미국 시민 한 사람, 한 사람 모두가 챈스 일병과 스트로블 중령에게 최고의 경의를 표하는데, 영화 내내 무어라 형언하기 어려운 감정이 복받쳐 오른다. 나라와 국민을 위해 헌신한 영웅을 어떻게 예우해야 하는지를 잔잔히 일깨운다.

미국은 군인의 희생과 헌신에 대한 존중과 존경심이 일상화되어 있다. 미국 국민이 군인에게 "Thank you for your service."(당신의 희생에 감사드립니다)라고 인사하는 것은 상투

적이고 의례적인 표현이 아니다. 토크빌이 이야기한 '마음의 습관'(Habit of the heart)이랄까? 법과 제도보다 습관과 믿음이 더 중요함을 뜻한다. 숨진 장병의 유해가 돌아올 때 꼭두새벽에 도버 공군기지로 날아가 미국 대통령은 거수경례를 올린다. 미국 국적 항공사들은 일등석이나 비즈니스석에 여유가 있으면 군인을 가장 먼저 업그레이드해준다. 한 미국 항공사는 군인 사전 탑승서비스를 소재로 광고를 제작하기도 했고, 관공서, 은행, 상점 같은 곳에서 줄을 서 있는 군인에게는 먼저 양보한다. 군인은 차량 구입, 식당, 커피숍 등에서도 혜택을 받기도 한다. NBA(미국프로농구) 작전타임에 군인을 특별히 호명해서 기립박수로 환호하는가 하면, MLB(미국 프로야구)에서는 메모리얼 데이Memorial Day에 군인이나 가족에게 시구를 맡긴다. 뿐만 아니라 "난 공군의 아빠," "난 공군의 동생" 같은 문구가 새겨진 티셔츠를 자랑스럽게 입고 다닐 정도이다.

특히 미국은 전사자가 발생할 경우, 전사자 유가족에게 장교가 직접 방문하여 미 국방장관의 서명이 들어간 전사 통지서를 전달한다.

이뿐만이 아니라 미국에서는 군인이 '군인님'으로 통하는데, 한국에서는 '군바리'로 바뀐다. 비하하는 의미가 담긴 '군바리'라는 말이 있다는 것 자체가 우리 사회가 군인을 어떻게 바라보는지를 단적으로 보여준다. 그러나 '군인'의 사명은 결코 가볍지 않으며, 그 무게감은 이루 말할 수 없다. 우리가 편히 잠을 자고 있을 때, 군인은 국가의 안위를 위해 경계태세를 갖추고 적의 총칼을 마주한다. 국민의 목숨을 구하고자 군인들 자신의 목숨을 내던지는 존재이기 때문이다. 따라서 우리는 이 특별한 존재에 경의를 표하고, 그에 걸맞은 예우와 격식을 갖춰야 한다.

보훈은 제2의 안보이다. 한류 열풍을 일으키며 지구촌을 흔들고 있는 대한민국! 이제는 '일류 보훈국가'로 거듭날 때이다. 법과 제도의 개선도 수반이 되어야 하지만, 더 중요한 것은 바로 군인을 향한 우리 국민의 마음 자세이다. 군인에 대한 희생과 헌신에 대하여 존경이 일상화된 진정한 '일류 보훈국민'이 되자. 그리고 기억하자! '국가'는 저절로 '조국'이 되지 않는다는 것을.

알로하의 속삭임

'하와이' 하면 무엇이 떠오르는가? 지상 최대의 낙원, 눈부신 와이키키 해변, 한없이 자유로운 서핑, 끝없는 휴양지의 낭만, 신혼여행지 등을 연상할 것이다. 물론 맞는 말이다. 하지만 하와이는 단순한 관광지가 아니다. 우리가 잊고 있었던, 때로는 잘 몰랐던, 그리고 대한민국의 발자취가 새겨진 뜨거운 땅이다.

먼저 하와이행 비행기를 타고 오아후섬 호놀룰루에 내리면, 가장 먼저 공항 이름에 깜짝 놀라게 된다. 공항 명칭에 일본 사람(일본계 미국인) 이름이 떡하니 들어가 있는데, 일본계 미국인으로 하와이주 초대 연방 상원의원이자 명예훈장 수훈자인 '다니엘 이노우에' 의원 이름을 딴 '다니엘 이노우에 국제공항'이기 때문이다. 그런데 이곳 하와이가 어떤 곳인가?

1941년에 일본이 '진주만'을 기습 공격하여 12척의 미 해군

함선이 파손 및 침몰하고, 2,400여 명(민간인 포함)이 사망한 끔찍한 전흔의 상처와 미국의 자존심이 처참히 짓밟힌 곳이 아니던가?

전 세계적으로 190여 개국에 약 800만 명의 재외동포가 한국의 위상을 드높이며 살고 있는데, 대한민국의 이민 역사는 120년 전으로 거슬러 올라간다. 1902년 인천 제물포항에서 갤릭호를 타고 사탕수수 농장 노동자로서 1903년 하와이 호놀룰루항에 첫발을 디딘 것이 이민사의 첫걸음이다. 우리는 과연 이분들의 고통과 설움, 땀과 눈물을 얼마나 기억하고 있을까? 인천광역시 유정복 시장은 이를 기념하기 위해 최근 호놀룰루항 7번 부두 앞에 표지석을 세웠다.

그러나 아쉽게도 하와이 여행 서적 등에서는 이러한 가슴 벅찬, 유서 깊은 곳을 언급조차 하고 있지 않다. 바로 7부두 옆에 있는 '알로하타워'는 방문명소로 적극적으로 소개하면서 말이다. 이뿐만이 아니라 이곳 하와이에는 광화문의 모양을 본떠 만든 '하와이 한인기독교회'The Korean Christian Church(1918년 설립)와 이승만 대통령기념관 및 동상이 있다.

한편, 미국이 신생국이라 '왕궁'이 있다고 하면 다소 의아해할 수 있을 텐데, 하와이는 미국의 50번째 주로 편입되기 전에

'왕국의 흔적'이 살아 숨 쉬는 땅이었다. 카메하메하 대왕은 하와이왕국의 초대 국왕이며, 그의 동상은 '이올라니 궁전' 건너편에 웅장하게 서 있다. 태평양 연안 지역의 주요 박물관으로 인정받는 '비숍박물관' 등을 통해 하와이왕국의 위엄을 전 세계인에게 보여주고 있는데 감탄이 절로 나온다. 그렇다면 한국의 하와이라 불리는 제주도는 어떤가? 역사적으로 시기 차이는 있지만, 제주도 또한 '탐라국'이 존재하던 곳이 아니던가? 그럼에도 불구하고 제주도에서 탐라국을 느끼기는 쉽지 않다. 이뿐만이 아니라 경주에는 그나마 신라의 시조인 '박혁거세 동상'이 최근 들어섰는데, 백제의 '온조' 동상은 관官 차원에서 건립조차 되어 있지 않은 상태이다.

우리나라 청사 건물을 방문하려면 행정절차들이 있지만, 하와이 주청사는 개방형 건물이다. 주지사와 부지사 오피스 역시 개방되어 있어 누구나 방문할 수 있는 구조에 또 한 번 놀란다. 아울러 미국 첫 한인 부지사가 하와이주 '실비아 장 루크(한국명 장은정)'라서 하와이는 여러모로 각별한 의미를 지닌 곳이다.

이처럼 하와이는 그저 푸른 바다와 야자수만 있는 곳이 아니다. 우리 선조들의 피와 땀이 배어있으며, 우리에게 많은 시사점을 던져주는 곳이기에 '알로하'^{Aloha}(하와이 인사말)의 의미가 더욱더 새롭다.

잃어버린 얀테의 법칙

"왕의 DNA를 가진 아이이기 때문에 왕자에게 말하듯이 듣기 좋게 돌려서 말해도 다 알아들어요."
"나, 뭐 하는지 알지? 변호사야!"

위 내용은 세종시 한 초등학교에서 교육부 사무관인 학부모가 담임교사에게 보낸 편지 글귀와 ○○ 초등학교 학부모가 교사에게 한 발언으로, 그야말로 학부모 갑질의 전형이다. 지금 우리 사회는 학교뿐만이 아니라 일부 몰지각한 정치인, 공무원, 기업인, 아파트 입주민 등의 갑질 뉴스가 언론을 도배하고 있다. 보도 내용을 보고 있다 보면 눈살이 찌푸려지고 가슴이 먹먹해질 뿐이다. 사회의 귀감이 되어 사회를 환히 비추어야 할 엘리트 및 기득권층이 오히려 갑질 횡포, 특권 행세로 우리 사회를 더욱 어둡게 만들고 있기 때문이다. 물론 모든 기득권층이 그렇다는 것은 아니다. 노블레스 오블리주를 실천하는 모범적인 기득권층도 엄연히 존재하고 있다.

"내가 누군지 알아?" 우리나라에서 흔히 들을 수 있는 전형적인 갑질 표현이다. 대한민국 사회는 '갑질' 문화와 더불어 남들과 비교하는 '비교질'로 인해 온통 우월의식, 열등감으로 뒤덮혀 있다. 결국 건전한 사회의 형성을 가로막고, 오히려 분노가 넘치는 우울한 사회로 치닫고 있다. 그러다 보니 행복지수는 OECD 국가 중에서 꼴찌를 기록하고 있다.

그렇다면 전 세계에서 가장 행복한 국가들은 어디일까? 바로 북유럽의 덴마크, 노르웨이, 스웨덴 등이다. 그런데 이들 국가를 관통하는 것이 하나 있으니, 다름 아닌 '얀테의 법칙' Law of Jante이다.

얀테의 법칙은 일종의 북유럽 사람들이 삶을 살아가는 사회규범, 관습이자 불문율 같은 삶의 철학이다. 덴마크계 노르웨이 작가인 악셀 산데모세가 1933년에 쓴 소설 《도망자, 그의 지난 발자취를 따라서 건너다》에 등장하는 가상의 마을 '얀테'를 소개하면서 지어진 법칙이다.

얀테의 법칙은 "당신이 특별하다고 생각하지 말라", "당신이 남들만큼 좋은 사람이라고 생각하지 말라", "당신이 남들보다

똑똑하다고 생각하지 말라" 등 총 10개로 구성되어 있는데, 이를 한마디로 요약하면 "자기 자신을 특별하다거나, 잘 났다고 생각하지 말라"이다. 즉 "우쭐대고 타인을 얕잡아 보면 안 된다"와 일맥상통하는 '보통사람의 법칙'이라고 할 수 있어 북유럽 사람들의 겸손과 배려를 돋보이게 한다. 물론 그렇다고 북유럽 사람 모두가 한 사람도 빠짐없이 얀테의 법칙을 100% 지키는 것은 아니겠지만, 대다수의 북유럽 사람은 얀테의 법칙을 마음속에 새기고 살아가고 있기에, 행복한 삶을 영위할 수 있는 것이 아닐까?

타인에 대한 존중이 사라지고 갑질 문화가 판을 치는 대한민국 사회에 '얀테의 법칙'은 행복한 대한민국을 향한 오아시스가 될 것이다.

생활체육 넘어 생활음악 시대로

 대한민국은 전 세계 10위권의 경제 대국인 반면 행복지수 및 자살률은 경제협력개발기구^{OECD} 국가 중에서 거의 꼴찌에 가깝다. 어찌 보면 대한민국은 '물질흑자 국가'일지 모르지만 '정신적자 국가'인 셈이다. '정신적자 국가'를 벗어나 '행복 대한민국'을 위해 가장 필요한 것은 무엇일까? 하나를 꼽으라면 그것은 다름 아닌 '생활음악'$^{life\ music}$이다.

 음악이 사람들의 정신건강에 놀라운 긍정적 효과를 끼친다는 것은 이미 과학적으로 검증돼 있다. 음악은 '정신건강의 오아시스'라 할 수 있으며, 행복한 생활을 영위하게 만드는 '골든 키'가 될 수 있다. 음악은 세상을 바꾸는 힘이 있으며, 한 생명을 살리기도 하고, 한 사람의 운명을 바꿀 수도 있기 때문이다.

 체육은 올림픽과 같은 엘리트 체육에서 '국민체육', '생활체육' 시대로 대전환을 맞이했다. 이는 국민이 스포츠 중계를 보는 시청자(객체)에서 스포츠를 직접 하는 플레이어(주체)로 역할이 바뀌었음을 의미한다. 실제로 요즘에는 전국 방방곡곡에서 다양한 체육활동을 하는 사람들의 건강한 모습을 흔히 볼 수 있다. 음악 또한 국민이 공연을 관람하는 관람자(객체)에 머물지 말고, 음악을 직접 공연하는 연주자, 출연진(주체)으로서 그 역할이 변모돼야 한다.

음악은 특별한 사람들만 하는 것이 아니다. 대한민국 국민이면 누구나 기타, 하모니카, 플루트, 피아노, 바이올린, 우쿨렐레, 색소폰, 국악, 오카리나, 요들 등 동서양의 다양한 음악 장르를 불문하고 즐길 수 있어야 한다. 국민 모두 1인 1생활음악 활동을 하는 생활음악 시대가 펼쳐진다면 우리 사회가 좀 더 행복해지지 않을까?

'정신적자 국가'인 대한민국에서 생활음악은 '하면 좋은 것' Nice to have 이 아니라 '반드시 해야' Must have 하는 매우 절실한 과제이기도 하다. 이를 위해 필자는 '생활음악 시대! 행복 대한민국' 국회포럼을 개최한 바 있으며, '생활음악 페스티벌'을 광화문 광장 등에서 펼치기도 했다.

한국인은 끼와 흥에 있어서 전 세계 사람들이 혀를 내두를 정도다. 생활음악 시대를 펼치며 행복한 대한민국, 진정한 문화대국으로 나아갈 때 국격과 품격도 커다란 도약을 맞이할 것이라고 확신한다. 행복해지고 싶은가? 정신적으로 풍요롭게 살고 싶은가? 그렇다면 지금 당장 생활음악을 시작하자.

'무궁화'가 국화(國花)가 아니라고?

"무궁화 삼천리 화려강산~" 우리나라 국가國歌인 애국가에 나오는 후렴 가사이다. 가사에 '무궁화'라는 단어가 나온다. 그렇다면 필자가 질문 하나 던져보겠다. 대한민국의 국화國花는 무엇인가? 당연히 '무궁화'라고 답할 것이다. 그런데 놀랍게도 무궁화는 법적으로 대한민국 국화로 규정되어 있지 않다.

무궁화는 오랜 세월 동안 우리 민족과 함께해 온 숙명적인 꽃이다. 고조선에서는 하늘에 제사를 지낼 때 제단을 장식하는 꽃으로 사용했다고 전해지며, 삼국시대부터 조선시대에 이르기까지 문헌에서는 한반도의 자연과 민족성을 상징하는 꽃으로 등장한다. 신라 효공왕 원년(897), 당나라 소종에게 보낸 국서뿐만이 아니라, 고려시대 기록문헌에 등장하는 단어가 바로 '근화향'槿花鄕이다. 근화향은 '무궁화가 피는 나라'를 뜻하는 말로 신라, 고려의 국호를 대신했다. 조선시대에는 문, 무과 급

제한 사람에게 주어진 어사화에 무궁화 장식이 쓰였다

그렇다면 현대사회에서는 어떤가? 국회의원 배지, 사법부의 법복, 공무원 임명장뿐만이 아니라, 광복 이후에는 화폐에도 무궁화가 들어갔으며, '무궁화호'라는 친숙한 열차 이름, 호텔 등급 표기에 이르기까지 곳곳에 무궁화가 사용되고 있다. 이뿐만이 아니다. 어린 시절 누구나 한 번쯤 해봤을 '무궁화꽃이 피었습니다'라는 놀이는 무궁화의 존재를 자연스럽게 각인시키는 역할을 해왔다. 최근에는 세계적으로 유명한 넷플릭스 드라마 〈오징어 게임〉에서도 '무궁화꽃이 피었습니다'가 등장하면서 무궁화가 다시금 전 세계적인 주목을 받았다.

"피고 지고 또 피어 무궁화라네"라는 노래 가사처럼 무궁화가 지닌 의미는 그 이름에서부터 드러난다. '무궁'無窮이라는 단어 자체가 '끝이 없다'는 뜻을 지니고 있어, 우리 민족의 끈기와 불굴의 정신을 대변한다. 수많은 고난과 역경을 이겨내 독립을 이루고, 한강의 기적을 일으킨 위대한 대한민국의 역사와 흡사하지 않은가? 그런데 일제강점기 동안에 일제는 우리 민족의 정신, 문화, 얼을 말살시키기 위해 무궁화를 볼품없는 꽃으로 비하했으며, 무궁화를 보기만 해도 눈에 피가 난다는 유언비어를 유포하기도 했다.

한편 무궁화축제가 열리기는 하지만, 온 국민이 환호하고 즐거워하는 축제의 장으로 자리매김되어 있지는 않다. 벚꽃축제는 전국적으로 들썩이니 참으로 아이러니하지 않은가? 그렇다고 벚꽃축제를 즐기지 말라는 것이 아니니 오해 없었으면 한다. 무궁화축제 또한 대한민국의 경사스러운 축제 분위기가 되어야 한다는 의미이다.

이처럼 무궁화는 단순한 꽃이 아니라 대한민국을 상징하는 정신이며, 우리의 역사와 미래를 연결하는 소중한 유산이자 국민 정체성 및 자부심의 근원이다. 이제 무궁화가 살아 숨 쉬는 대한민국의 꽃으로 자리잡힐 수 있도록 무궁화의 법적 지위의 확립뿐만 아니라, 우리 국민 모두 무궁화의 의미를 되새기고 애정을 가져야 할 때이다.

경기도 여주에 가면 한국콜마 윤동한 회장이 설립한 '콜마무궁화역사문화관'이 있다. 무궁화의 역사, 무궁화의 특성과 꽃의 종류를 한눈에 볼 수 있으며, 1950~70년대 발행한 화폐, 군인과 경찰의 계급장, 우표, 예술작품 등 우리 생활 속에 깊이 자리잡고 있는 무궁화를 만날 수 있으니, 가족들과 함께 방문해보면 어떨까?

에펠탑, 자유의 여신상, 그럼 대한민국은?

프랑스 파리의 '에펠탑', 미국 뉴욕의 '자유의 여신상', 호주 시드니의 '오페라하우스'. 이들의 공통점은 무엇일까? 각 국가를 대표라는 상징물이자 랜드마크로서 수많은 외국 관광객들의 발길이 끊이지 않는 명소라는 점이다. 또한 그랜드캐니언 같은 장엄한 자연유산이 아니라, 인공조형물로서 사람들을 매료시킨다는 점에서도 공통점이 있다.

설치과정의 이야기도 살펴보면 매우 흥미로운데, 프랑스의 랜드마크이자 전 세계인의 사랑을 받는 30미터의 위용을 자랑하는 에펠탑의 경우 처음에는 소위 '천덕꾸러기'였다. 프랑스 혁명 100주년 기념 파리 만국박람회 때 프랑스 건축가 '귀스타브 에펠'이 지었는데, 파리에 쇠로 만든 탑은 어울리지 않는다는 등의 이유로 흉물 취급을 받았다. 더구나 수많은 설립반대에 부딪히자 일정 기간 세워두었다가 철거하는 계획이 있었으나, 오히려 나중에는 많은 사랑을 받았다.

유네스코 세계문화유산이기도 한 시드니 오페라하우스는 어떤가? 국제공모전으로 덴마크 건축가에 의해 1973년에 완성되었는데, 오렌지 껍질을 벗기던 도중 얻은 영감을 비롯해 마야문명의 웅장한 계단식 피라미드 등에서 착안한 시드니 오페라하우스 디자인은 당시에 매우 비현실적인 디자인이라는 비난을 받았다. 이로 인해 건축 기간이 당초10년에서 6년이 더 소요되어 16년 만에 완성되었고, 비용 또한 천문학적으로 불어나 10배가 넘었다. 건설 지명지를 따서 '베넬롱 곶의 곱사등이'라는 조롱을 받기도 했지만, 호주 시드니는 오페라하우스로 인해 세계에서 가장 아름다운 항구도시, 문화예술의 도시로 우뚝 섰다.

자유의 여신상은 프랑스가 미국 독립 100주년을 축하하기 위해서 제작한 동상으로 이 역시 유네스코 세계문화유산이다. 프랑스에서 제작되어 미국으로 운송하기 위해 해체한 후 미국에서 재조립된 독특한 이력을 갖고 있다. 자유의 여신상의 내부 골조를 만든 사람이 에펠탑의 설계자인 '귀스타브 에펠'이라는 점 또한 흥미롭다. 자유의 여신상 왼손에는 독립선언서, 오른손에는 횃불을 들고 있다.

자, 이제 대한민국을 보자. 대한민국은 지금 K-POP을 비롯해 지구촌 시민들의 관심과 주목을 받고 있다. 더구나 우리는 5천 년의 찬란한 역사와 문화를 지니고 있지 않은가? 그러나 대한민국 하면 떠오르는 상징물이 있는가? 남대문? 남산타워? 경복궁? 그러나 에펠탑, 자유의 여신상, 시드니오페라 하우스처럼 강렬하지는 않아 대한민국을 대표하는 랜드마크로서의 상징물이 애매하다.

대한민국을 대표하는 상징물은 기존 것을 재구성하거나, 아니면 완전히 새롭게 만들 수도 있을 것이다. 상징물이 주는 주제 및 메시지는 5천 년을 꿰뚫는 우리의 정신문화를 투영하거나 다른 내용이나 가치를 담을 수 있는 등 매우 다양하게 논의될 수 있다.

중요한 것은 '대한민국을 대표하는 상징물' 추진을 국가 의제로 삼아 추진하는 것이다. 이는 대한민국의 '국격'과 '국가 브랜드'를 업그레이드하는 데 중요한 역할을 할 것이며, 전 세계가 한국을 다른 각도에서 바라보며 주목하는 계기가 될 것이다.

국보 숭례문에 놀이터를

우리나라 아파트 단지에는 어린이들을 위한 '놀이터'를 흔히 볼 수 있는데, 혹 프랑스를 대표하는 랜드마크인 '에펠탑'에 '놀이터'가 있다는 사실을 아는가? 에펠탑 앞의 놀이터! 에펠탑에 '놀이터'를 접목하면 그야말로 '평범하던 놀이터'가 갑자기 '특별한 놀이터'로 변신한다. 어른들 시각으로 공간을 바라보는 관점에서는 생각하기 어려운, 아주 절묘한 공간의 재구성이라고 볼 수 있다. 흔하고 일상적인 놀이터를 뜻밖의 '명소'에 가져다 놓음으로써 가족 및 세대가 함께 어우러지는 놀라운 공간으로 재탄생한다. 어린이들 역시 에펠탑을 어른들 손에 이끌려 수동적으로 보는 것만이 아닌, 능동적으로 신나게 뛰어노는 장소로서의 경험과 추억을 가져갈 수 있을 것이다.

반면에 우리나라는 어떤가? 대한민국을 대표하는 국보인 '남대문'에 가면 너른 터에 '숭례문崇禮門' 건축물만이 덩그러니

놓여 있다. 남대문 입장에서는 너무 외롭고 심심하지 않을까? 이제 이곳에 아이들이 신나게 뛰노는 '놀이터'를 결합해 국보 '남대문'에 숨을 불어넣어 보자. 우리의 오랜 역사와 전통이 담긴 남대문은 미래의 주인공인 어린이들이 함께하는 곳으로 그 공간의 이미지와 위상이 현격하게 달라져 과거, 현재, 미래가 어우러지는 곳으로 거듭날 것이다. 아이들이 부모에게 먼저 남대문에 가자고 하는 경우는 극히 드물지만, 놀이터가 생기면 아이들이 먼저 남대문에 가자고 조르는 기이한 현상이 발생하지 않을까? 어른들도 잠시 순진무구한 '어른이'로서의 시간도 갖고 말이다.

엄숙하고 진지한, 그것도 국보인 '남대문'에 감히 유치하기 짝이 없는 어린이들의 '놀이터'라니! 이렇게 생각하는 관점에서는 결코 '놀이터'와 '남대문'을 연결할 수 없을 것이다. 놀이터와 남대문이 결합함으로써 '남대문 2.0' 시대를 열고, 해외 관광객을 비롯한 국내외 많은 사람이 남대문을 방문함으로써 명소로 거듭날 것이다.

놀이터가 있는 '살아 숨 쉬는 남대문'에서 신나게 아이들과 즐기고, '세상에 없는 것이 없다'는 사람의 향기가 가득한 '남대문 시장'을 만끽하는 내외국인들의 모습을 기대한다.

8장

함께 그리는 공존의 물결

미래의 대한민국은 인류 역사에 어떤 발자취를 남길 것인가.

아시아의 심장 대한민국에 UN 본부를!

UN 본부는 현재 미국의 뉴욕, 스위스의 제네바, 오스트리아의 빈, 그리고 케냐의 나이로비를 포함해 총 4곳에 있지만, 아직 아시아에는 없다. 이제 5번째로 대한민국에 UN 본부가 들어서야 할 때이다.

전 세계에서 '아시아'의 비중을 보자. 아시아에는 선진국뿐만 아니라 중진국, 신흥국, 개도국 등이 다양하게 포진되어 있어 그 자체만으로도 또 하나의 지구촌이라고 말할 수 있다. 인구 면에서 아시아는 전 세계 인구의 60%에 육박하고 있다. 또한 전 세계 경제(GDP)에서 아시아의 비중은 40%를 차지하고 있으며, 높은 경제성장률 및 잠재성장 측면에서도 매우 매력적인 곳이다. 이뿐만 아니라 유엔에 가입된 전 세계 190여 개 국가 중에서 아시아는 50여 개국이 가입되어 있다.

아시아에서 '대한민국'은 불과 60~70년 전만 하더라도 아프리카의 가나, 필리핀보다도 가난했던 최빈국 중의 하나였다. 그러나 지금 전 세계에서 10위권의 경제국으로 발돋움했으며, 30-50(인당 국민소득 3만 달러, 인구 5천만 명 이상) 클럽에 7번째로 가입하는 경이로운 기록을 세운 나라이다. 또한 국제사회의 '원조를 받던 나라'가 '원조를 주는 국가'로 변모한 유일무이한 국가라는 명예로운 타이틀을 갖고 있다. 공적개발원조(ODA)를 통해 전 세계 90여 개국에 보건, 교통, 교육 등 다양한 원조를 해오고 있다. 그러하기에 개도국의 어머니이자 선진국의 위상을 지닌 국가로서 활동을 해오고 있다. 이뿐만이 아니다. 방탄소년단(BTS), '오징어 게임' 등 K팝, K드라마, K무비에 열광하며 한류열풍이 강하게 불면서 전 세계가 '코리아'를 주목하고 있지 않은가? 대한민국이 '아시아의 심장'이라 불리는 이유다.

이와 더불어 UN(국제연합)과 대한민국의 인연은 매우 각별하다. UN은 1945년 10월 24일에 창설되었는데, 유엔 창설 이래 처음으로 유엔기를 앞세우고 자유와 평화를 수호하기 위해 한국전쟁에 참전했다. 유엔의 기본 정신에 입각해 16개국이 전투병력을 파견하고, 5개국의 의료지원단이 참가한 것은 UN 역사상 유례가 없는 사건이라 할 수 있다. UN군과 우리 국군의 형언할 수 없는 고귀한 희생 속에서 대한민국은 자유를 수호할 수 있었기 때문이다. 그럼에도 불구하고 대한민국은 현재 전 세계에서 유일한 분단국가로 남아 있어 매우 안타까울 뿐이다. 따라서 대한민국에 UN 본부가 들어선다는 것은 우리나라뿐만이 아니라 국제사회에서 더욱더 각별한 의미를 지닌다. 또한 우리는 반기문 제8대 UN사무총장을 배출한 국가이기도 하다.

이제 국제정세에 눈을 부릅뜨고 본격적으로 국가 의제로서 치밀하게 준비하여, 전 세계에서 5번째의 UN 본부를 유치하자. UN 본부 유치는 대한민국이 전 세계평화와 인류번영에 혁혁하게 이바지하는 계기가 될 것이며, 이를 통해 국제사회에서 대한민국의 위상과 국격은 한층 높아지게 될 것이다. 또한 일자리 창출, 외국인 관광 등 다방면의 효과를 창출할 것이며, 미래세대 청소년에게는 국제사회, 세계시민, 국제정세, 세계시장 관련한 안목과 시야를 넓혀주는 등대가 될 것이다. '대한민국 UN 본부 유치'라는 속보기사가 뜨는 그날을 기대한다.

'주한 외국인의 날'을 제정하자

우리나라는 전 세계 90여 개국에 보건, 교통, 교육 등 다양한 원조를 하고 있다. 세계 115개국에 있는 재외공관 등이 다각적인 국제외교를 펼치면서 대한민국의 위상을 드높이고 있다.

그렇다면 우리는 이 시점에서 무엇을 해야 할까? 이 시류를 절호의 기회로 삼아 '인기 있는 국가'에서 국격과 품위가 넘치는 '존경받는 국가'로 성큼 나아갈 필요가 있다. 이를 위해서는 '세계시민' 정신이 중요하다.

이를 위해 필자는 세계시민 정신 실현과 국격 제고, 이를 통해 존경받는 국가로의 도약을 위해 '주한 외국인의 날' 제정을 제안한다. 대한민국은 이미 주한 외국인 250만 명 시대로 접어들었고, 주한 외국 대사는 각 국가를 대표한다. 그러하기에 국가 차원에서 보면 이토록 대한민국과 귀한 인연을 지닌 사람들을 위한 기념일 하나는 있어야 하지 않을까?

지금 대한민국 기념일은 3·1절 등 국경일과 1월 1일 등 법정 공휴일이 있다. 아울러 과학의 날, 상공의 날, 환경의 날, 문화의 날, 무역의 날, 농업인의 날 등을 비롯하여 정부가 제정, 주관하는 기념일들이 있다. 우리나라 및 우리와 관련된 기념일들이 대다수를 차지하고 있는데, 여기에 지구촌, 세계시민 정신이 투영된 귀한 해외 손님, 외국인을 위한 '주한 외국인의 날'이 제정된 모습을 생각해보자. 너무나도 근사하지 않은가?

정부가 주관하는 '주한 외국인의 날'에는 지구촌 평화와 번영을 위한 기념행사를 열자. 대한민국 한복판에서 각 국가를 대표하는 주한 외국 대사들, 수많은 외국인과 우리 국민이 함께 어우러지는 것이기에 전 세계 이목을 받을 것이다. '세계 속의 한국'을 뛰어넘어 '한국 속의 세계'가 웅장하게 펼쳐지는 것이다. 우리 국민 또한 이 기념일에 지구촌의 한 이웃으로서, 80억 지구촌 시민을 생각하고, 지구촌 아젠다에 대해 관심과 실천을 확대하며, 자연스럽게 세계시민을 피부로 느끼는 소중한 계기가 마련될 것이다.

주한 외국인의 날 제정은 대한민국의 국격을 한층 높이고 지구촌으로부터 존경받는 국가를 향한 뜻깊은 발걸음이 되지 않을까. 주한 외국인들이 '코리아'를 외치며 엄지 척! 하는 모습이 벌써 눈에 선하다.

잊혀진 빛, 선교사의 헌신

어느 나라든 그 역사의 굽이마다 말 없는 영웅들이 있다. 대한민국의 근현대사 또한 마찬가지다. 그러나 우리는 그 숱한 이름들 속에서 유독 한 부류의 사람들을 잊고 지내며 사는 것이 아닌가 하는 생각이 든다. 바로 '선교사'들이다. 단순히 '기독교'를 홍보함이 결코 아니니 오해가 없었으면 한다. 그 누구보다 한국을 사랑했던 이들의 헌신과 희생은 비단 '종교'를 뛰어넘어 척박한 이 땅에 정치, 경제, 사회, 문화, 의료, 교육에 이르기까지 대한민국 사회 전반에 걸쳐 지대한 영향을 끼치며 오늘날의 대한민국을 이루는 소중한 밑거름이 되었기 때문이다.

1885년 제물포에 첫발을 디딘 '아펜젤러'는 배재학당을 세웠는데, 개화파 지식인 서재필, 윤치호, 한글학자 주시경, 시인 김소월 등이 배재학당 출신이다. "이 머나먼 동쪽에서 대학교육을 어떻게 해나가야 할지… 한국의 산업을 적극 발전시켜야 합니다"라는 열망 속에서 연희전문학교(연세대 전신)를 설립한 '언드우드' 선교사! 그는 미국 수준에 버금가는 대학을 조선에 세우고자 했다. 또한 이화학당을 세우며 여성 교육에 헌신한 '메리 스크랜턴'은 남존여비의 봉건 사회에서 "여성은 교육받을 자격이 있다"고 외쳤고, 이는 후에 대한민국 여성의 사회 참여와 평등의 물꼬가 되었다.

의사이자 선교사, 그리고 고종의 주치의였던 '알렌'은 우리나라에 서구 의학의 문을 열었으며, 그가 설립한 광혜원(후에 제중원)은 수많은 환자를 치료하며 목숨을 구했다. 이뿐만이 아니라 최초의 근대식 종합병원인 세브란스병원, 그리고 지금의 이화여대 의과대학, 이화의료원의 전신인 '보구녀관'普救女館은 한국 최초의 여성 의사 '박에스더'를 배출하기도 했다.

한국 근대화를 전방위적으로 이끈 이들의 헌신은 단지 의료와 교육에 머물지 않았다. 3·1 운동 당시, 많은 선교사들은 일제의 만행을 세계에 알리는 양심의 증인이 되었다. 이뿐만이 아니라 공주영명학교를 세워 유관순 열사를 키운 '프랭크 윌리엄스' 선교사가 있었는가 하면, "나는 웨스트민스터 사원보다 한국 땅에 묻히기를 원한다" 하며 제4의 헤이그특사로 불린 독립운동가 '호머 헐버트'! 그는 한글 띄어쓰기 도입을 비롯해 한글의 우수성을 세상에 알린 선교사로, 외국인 최초로 '대한민국 건국공로훈장'을 받았다. 독립운동가 안중근은 "한국인이라면 헐버트를 하루도 잊어서는 안 된다"라는 말을 남기기도 했다.

이처럼 한국 사회의 개화 및 근대화 역사는 선교사들의 땀과 눈물 위에 세워졌다. 우리는 그것을 당연하게 여기지만, 이 모든 기반은 낯선 타국에서의 삶을 감내한 희생과 헌신 덕분이 아닐 수 없다. 이들은 "선교"라는 이름으로 왔지만, 결국은 "인류애"가 무엇인지를 몸소 보여준 사람들이지 않은가?

우리는 과연 선교사들의 이름을 얼마나 기억하고 있는가? 이제 대한민국은 선교사들의 희생에 '기억'으로 화답하고, '계승'으로 보답해야 할 때다. 이들이 140여 년 전 척박한 이 땅에 심은 사랑과 희망의 씨앗을 이제 우리가 지구촌 국가 곳곳에 심어나가도록 하자.

21세기는 문화의 세기!

　대한민국은 이제 '노벨문학상'을 수상한 국가가 되었다. 해외에 나가면 만나는 외국인마다 'BTS', '블랙핑크', '오징어게임'을 이야기할 정도로 지금 K-POP, K드라마 등이 전 세계를 강타하고 있다.

　이 시점에 분위기에 잠시 취하기보다는 대한민국이 반드시 해야 할 것이 있다. 이 시류를 절호의 기회로 삼아 새로운 국부 창출과 문화대국의 기틀을 마련해야 한다. 아울러 이러한 청사진을 실천하기 위해 '문화부총리'를 신설하여 21세기를 선도하며 지구촌 시민들이 '대한민국 팬'이 되도록 하는 담대한 전략이 필요하다. 그간 우리나라는 '경제'와 '교육', '과학기술' 분야에서 부총리를 둔 바 있다. 그러나 기억하자. 21세기는 '문화의 세기'라는 점을.

　우리나라는 찬란한 5천 년 역사의 화려한 문화유산을 지닌 문명국가이다. 세계 최초, 최고가 한두 가지 아니다. 세계 최초의 배, 세계 최초로 아프리카 희망봉을 표기한 지도(《혼일강리도》)를 만든 나라. 150년 제왕의 일기《일성록》를 가진 나라를 본 적이 있는가? 세계 최초 금속활자 인쇄본과 세계 최초 목판 인쇄물을 보유한 인쇄 문명 2관왕의 타이틀을 지닌 유일한 국가이다.

한편, 천년고도의 수도 경주는 도시 자체가 통째로 박물관이라고 해도 과언이 아닐 정도로 8세기 국제도시로서 그 화려함을 지니고 있다. 또한 '홍익인간' 정신은 5천 년에 걸쳐 내려오고 있는데, 이는 21세기 공동체 자본주의, 인본주의와 맥을 같이 하는 인류의 시대정신^{Zeitgeist}으로 그 역할을 톡톡히 할 수 있는 지구촌 보물이 아닐 수 없다. 우리의 자랑스러운 고조선의 건국 정신이자 교육 이념(교육기본법 제2조)이 아니던가!

독자 여러분은 《쿠쉬나메》를 들어본 적이 있는가? 《쿠쉬나메》는 페르시아의 대서사시로 800페이지 분량에서 무려 500페이지가 우리 한국, 당시 신라 관련 이야기가 나온다. 필자는 기업의 CEO를 비롯해 각계각층의 오피니언 리더, 지자체와 정부 기관을 대상으로 한 조찬포럼에서 필자의 저서 《한국인 에너지》의 내용을 주제로 무수한 강연을 해오고 있지만, 그 수많은 청중 중에 《쿠쉬나메》를 아는 사람은 거의 없었다. 그러나 호메로스의 《일리아스》나 《오디세이아》는 너무 잘 알고 있다. 참으로 안타까운 현실이다. 이러할진대 '문화외교'가 제대로 이루어질 수 있을까? 전 세계에서 이슬람 문화권 인구는 약 15억 명, 국가 수로 따져보면 50개국이 넘는다. 전 세계 4분의 1이 거대한 이슬람 문화권을 형성하고 있다. 국부창출에 있어서 핵심 중의 핵심시장이 아닐 수 없다.

'문화대국'의 길을 향해 나아감에 있어서 문화를 경제, 산업, 과학기술, 외교, 교육, 사회 분야 등 국정 전반에 접목, 관통할 줄 아는 철학과 혜안이 요구된다. 우리의 보석같이 다양한 문화콘텐츠와 문화유산을 기업제품과 산업경제에 어떻게 입히느냐에 따라 산업계가 그토록 갈망하는 '파괴적 혁신'의 오아시스가 될 수 있기 때문이다. 따라서 문화유산은 '단순히 보존해야 하는 비용 차원'을 훌쩍 뛰어넘어 '신 국부창출의 보고寶庫'인 셈이다.

이제 '문화부총리' 신설을 통해 경제부국과 문화대국을 향해 거침없이 나아가야 한다. 5천 년의 찬란한 역사와 문화유산을 지닌 대한민국다운 포석을 두는 신의 한 수가 될 것이다.

대한민국이 이민자에게 핫플이 되려면

요즘 학교 가정통신문은 한국어뿐만이 아니라 다른 나라 언어로도 배포되고 있다는 사실을 아는가? 경기도의 한 중학교에서는 가정통신문을 한국어, 중국어, 베트남어 등의 언어로 배포하고 있는가 하면, 지자체 교육청에서는 다문화가정 학부모들이 가정통신문을 이해할 수 있도록 각 학교에 번역서비스를 제공하기도 한다.

"농촌은 베트남인, 조선소는 우즈베키스탄인, 이삿짐업계는 몽골인이 없으면 안 돌아간다"는 말이 나돌 정도이며, 이미 '전남 영암'과 '충북 음성'은 주민 5명 중 1명이 외국인이라는 사실이 믿기는가? 대한민국에 외국인이 250만 명에 육박하고 있어 전체 인구의 약 5%를 차지하고 있다. OECD는 전체 인구 중에서 외국인 비율이 5%를 넘으면 '다문화, 다인종 국가'로 분류하는데, 우리나라는 아시아에서 처음으로 다문화 국가로

소리소문없이 진입해 가고 있는 상황이다. 그렇다면 과연 대한민국은 이민 국가로서 매력적인 나라일까? 이에 대해 생각해 볼 필요가 있다.

UN 국제이주기구IOM에서 베트남인이 선호하는 이주 희망국가 10개국을 조사(2023년 1분기)했다. 한국은 순위에도 들지 못했으며, 1위는 일본이었다. 그만큼 한국이라는 나라가 이민 매력도에서 뒤처지고 있다는 사실이다. 또한 한국에서 학력, 경력을 쌓은 외국인 인재를 다른 나라에 빼앗기는 사례도 심심치 않게 일어나고 있다. 여기에는 비자 문제뿐만이 아니라 자녀교육, 언어 및 근로환경, 문화 등 복합적인 요인이 작용하고 있다.

외국인 관련 업무를 담당하는 정부 부처는 어떤가? 법무부, 고용노동부, 외교부, 행정안전부, 여성가족부 등 여러 부처에 분산되어 있어, 업무중복 및 사각지대의 우려가 존재하고 있다. 게다가 모든 국민이 다 그런 것은 아니지만, 우리나라는 이주민에 대해 혐오 또는 차별적 태도를 지니고 있는가 하면, 이주민이 이웃이 되는 것을 꺼리는 경향마저 있다. 물론 저출산으로 인구 감소가 시작된 일본 등 주변 국가들은 앞다투어 이민장벽을 낮추며 외국인 노동자들의 정착을 적극 유도하고 있다. 반면에 우리는 어떠한가? '이민'을 인구문제의 대안 중의 하나로 풀어가는 전략적인 접근이 필요함에도 불구하고 21대 국회에서 논의되었던 '이민청' 설립 건은 국회회기 종료로 자동 폐기되었다. 더군다나 대한민국은 심각한 저출산 위기에 직면하고 있지 않은가? 한국의 합계출산율은 0.75명(2024년 기준)으로 OECD 국가 중 최하위이며, 이 수치는 '인구절벽'을 넘어 '인구붕괴'를 예고하고 있다.

이러한 시기에 우리는 국가의 위상과 국격에 맞는 치밀한 '이민전략'이 필요하다. 그럼으로써 외국 이민자들에게 가장 매력적인 국가로, 그야말로 '핫플'이 되어 80억 지구촌 시민들에게 '코리안드림'을 꿈꾸게 만들 절호의 기회를 맞이해야 한다. 이것이야말로 '세계 속의 한국! 한국 속의 세계!'를 실현하는 길이다.

이민은 단순한 '노동력 확보'가 아니라 다른 문화와 정체성을 지닌 사람들과 더불어 사는 세상을 이 땅 대한민국에 펼치는 것이다. 그럼으로써 대한민국 국민은 서로 다른 사람들을 이해하고 하나가 되는 진정한 '세계시민'으로 거듭날 수 있다. 인류 역사에 있어서 세계를 호령했던 국가의 공통점 중 하나는 바로 '개방'과 '포용'이었다는 점을 다시 한 번 되새기자.

한-일판 엘리제조약을 맺자

프랑스와 독일! 지금은 G7국가로서 양국 간의 우애가 깊으나, 역사를 거슬러 올라가 보면 두 나라는 서로 앙숙 그 자체였다. 갈리아족 프랑스와 게르만족 독일은 중세 프랑크왕국과 합스부르크 가문의 충돌, 19세기 나폴레옹전쟁, 프로이센-프랑스전쟁을 비롯해 20세기에는 두 차례에 걸친 세계대전에 이르기까지 끊임없이 으르렁거리며 적대시했다.

그러던 두 나라에 도대체 무슨 일이 벌어진 것일까? 바로 '엘리제조약'에 주목해야 하는 이유이다. 이 조약의 주역은 프랑스 샤를 드골 Charles De Gaulle 대통령과 독일(당시 서독) 콘라드 아데나워 Konrad Adenauer 총리였다.

1963년 1월 22일! 이날 양 국가는 프랑스-독일 화해협력조약(일명 엘리제 조약, Elysee Treaty)을 체결하여 영구히 두 나라가 화해하기로 협정을 맺고 마침내 적대적인 관계를 청산하는 역사적인 대사건이 일어났다. 물론 엘리제조약 체결에 이르기까지의 과정은 결코 순탄하지 않았다. 협정 체결 전 드골과 아데나워는 15번의 만남, 100시간 이상 토론, 40통의 서신 등을 통해 양국의 미래를 향해 논의하며 우정을 쌓아 나갔다

엘리제 조약에는 두 정상의 연 2회 정상회담, 분야별 장관들의 정기회담을 비롯해 양국 청소년들이 교류하는 내용 등이 담겨 있다. 특히 청소년 교류 관련해서는 독일-프랑스 청소년 사무소FGYO가 설립되어 1000만 명 이상의 양국 청소년들이 화해와 협력관계를 토대로 활발하게 교류 활동에 참여했는데, 여기서 주목할 만한 것은 '프랑스-독일 공동 역사 교과서'이다.

역사 교과서를 두 나라가 공동으로 편찬하는 일은 결코 쉬운 일이 아니다. 공동 역사 교과서는 2003년도에 양국 청소년들이 화해와 협력, 미래를 위해서 공동의 역사 교과서가 필요하다는 제안을 당시 양국 정상인 독일 슈뢰더 총리와 프랑스 시라크 대통령이 받아들여 추진했다. 여기서 독일의 자세를 눈여겨보아야 한다. 가해국인 독일이 먼저 용서를 구하고 화해와 공존을 위해 노력했기 때문이다.

이처럼 양 국가는 조약 체결 이후에도 끊임없는 노력과 실천을 이어가면서 엘리제조약을 더욱 발전시켰다. 조약 체결

이후 양 국가는 60여 년이 지난 지금까지 엘리제조약의 정신을 지켜나가고 있다. 정권이 바뀌고 독일이 통일된 이후에도 이 조약의 효력은 유지되었으며 EU 탄생의 원동력이 되기도 했다. 2019년에는 마크롱과 메르켈이 엘리제조약을 강화하기 위해 2019년 1월 22일 아헨조약Aachen을 맺었는데, 이는 엘리제조약 2.0인 셈이다.

이제 눈을 돌려 대한민국을 보자. 1998년 한-일관계 미래 청사진을 제시했던 김대중 대통령과 오부치 총리의 역사적인 선언이 선언에 그치면서 그 정신이 이어지지 못했다. 이제 김대중-오부치 선언 2.0인 한-일판 엘리제 조약을 맺고 한일 간의 힘찬 미래와 새역사를 창조해 나아가야 한다.

주한 외국 대사,
청소년들과 판문점을 건너는 날

 1998년 정주영 회장이 소떼 1,001마리를 이끌고 분단 이후 민간인으로서 처음으로 판문점 군사분계선을 넘는 역사적인 장면은 CNN을 통해 전 세계로 생중계되었다. 외신들도 분단국가인 남북한의 휴전선이 개방되었다고 보도했다. 지금도 그 모습은 우리 국민들 뇌리에 선명하게 남아있다. 이 파격적이고도 기상천외한 '소떼 방북' 발상은 이후 금강산 관광, 그리고 남북정상회담을 비롯한 남북교류의 물꼬를 트이게 한 계기가 되었다.

 그 후 벌써 27년이 지나, 올해는 정주영 회장 소떼 방북 27주년을 맞이하게 되었다. 아울러 우크라이나 전쟁을 비롯해 국제정세가 요동치고 북한의 핵을 둘러싼 우려도 있는 가운데, 대한민국은 어느덧 정전협정 72년을 넘어서고 있다. 이처럼 급변하는 국제정세에서 '안보'와 '평화'는 그 어느 때보다도 각별하게 다가오고 있다. 무엇보다도 대한민국 정부는 국민의 생명과 안위를 위해 북한의 핵 도발을 비롯한 그 어떤 행위가 결코 일어날 수 없도록 철저한 준비와 단호한 대처를 해야 할 것이다. '안보는 산소'와 같고, 다시는 이 땅에 전쟁이 일어나서는 안 되기 때문이다.

작금의 신냉전 속에서 전 인류를 위해 마지막 유일한 분단국가인 우리가 해야 할 일은 무엇일까? 그것은 '세계평화의 파수꾼'이 되는 것이다. 이를 위해 필자는 '주한 외국 대사, 청소년들과 판문점을 건너는 담대한 구상'을 제안한다. 세계 평화의 날(9월 21일)에 주한 외국 대사들과 미래의 주역인 청소년들(국내 및 해외 한인 청소년 포함)이 함께 방북을 하는 장면을 생각해 보라! 주한 외국 대사들과 청소년들이 군사분계선인 판문점을 넘는 그 장면을! 너무나도 가슴 뭉클하지 않은가? 전 세계가 대한민국을 주목하는 가슴 벅찬 역사적인 명장면이 펼쳐질 것이다. 분단의 상징인 판문점이 '인류평화의 메카'로 거듭나는 감동의 순간이 될 것이다.

'주한 외국 대사, 청소년과 함께하는 세계평화대행진'의 첫 번째는 평양에 '세계평화 상징물'을 건립 착공하는 것이다. 마치 뉴욕 하면 '자유의 여신상'을 떠올리듯이 미래를 위해 평양

하면 '세계평화 상징물'이 떠오르도록 세계적인 관광명소로 자리잡게 하자. 이러한 상징물은 주한 외국 대사와 청소년들이 한자리에 모인 자리에서 착공했다는 점에서 그 의미가 매우 각별할 것이다.

두 번째로는 '세계평화 대헌장' 낭독 및 행진이다. 지구촌의 유일한 분단 한복판에서 평화의 마음을 담아 주한 외국 대사, 청소년들의 개별 서명이 담긴 헌장을 낭독한다면, 이 기념비적인 대헌장 낭독 장면은 80억 지구촌 시민들에게 깊이 각인될 것이다. 나아가 개방된 도시 평양에서 행진을 하는 광경은 전 세계인들에게 평화의 메시지를 심어줄 것이다.

세 번째로는 '세계평화축제'를 평양 '류경정주영체육관'에서 북한 주민, 청소년들을 대상으로 방북단과 함께 펼치는 것이다. K팝뿐만 아니라 다양한 세계문화공연도 어우러지게 하여 세계평화를 염원하는 대축제로 승화시켜 보자.

주한 외국 대사들과 청소년들이 판문점과 평양에서 펼치는 세계평화 대행진은 남북관계 회복과 교류의 숨통을 트이게 하고 한반도 평화와 통일을 뛰어넘어, 세계평화와 인류번영에 조금이나마 이바지할 수 있지 않을까? 나아가 대한민국의 국격 제고와 고품격 외교는 두고두고 세계사에 회자될 것이다.

경평축구 부활로 지구촌에 희망을

 우리나라는 '월드컵 11회 연속 본선 진출'이라는 새로운 이정표를 세웠다. 홍명보 감독을 비롯한 태극전사가 자랑스럽기 그지없다. 이는 '축구 종가'인 잉글랜드나 '아트사커'인 프랑스 등 축구 강호조차 이루지 못한 기록이기에 더욱 값지다. 10회 이상 연속 월드컵 본선에 진출한 국가는 한국을 포함해 단 6개 국가일 정도다. 그래서 그런지 벌써 월드컵이 기다려진다.

 월드컵이 개최되면 우리나라는 온 국민이 '대! 한! 민! 국!'을 목이 터질 듯이 외치며 뜨거운 함성과 함께 어깨동무하며 대한민국을 응원한다. 온 국민이 모처럼 하나가 되는 감격스러운 순간이 아닐 수 없다. 특히 2002년의 월드컵! 서로 얼싸안고 환호했던 그 순간은 지금도 생생하다.

 이처럼 국민 모두의 사랑을 받는 스포츠인 축구의 역사에 빼놓을 수 없는 것 중의 하나가 '경평京平축구'이다. 1929년에 시작된 경평축구는 서울과 평양을 오가며 진행되었는데, 1930년 경성에서 열린 대회에는 무려 2만여 명의 관중이 구름처럼 몰렸고, 경성 시내에는 예매권 구입처가 다섯 군데였을 정도라고 하니 그 뜨거운 열기를 가히 짐작할 수 있다.

특히 '경평京平 더비Derby'는 우리에게 단순한 스포츠 경기 이상의 의미를 지녔기에 각별하다. 민족의 자존심, 식민지 청년들의 억눌린 열망, 그리고 한반도 축구의 영광이 이 한 경기에 집약되어 있었다. 이 경평축구에 대하여 한국 축구사의 레전드인 김용식 선생은 "조선 민족끼리 한 울타리 안에서 한 덩어리가 될 수 있는 기회를 갖게 되어 경평전의 인기는 더욱 높아만 갔고, 온 국민이 열광하는 민족의 잔치였다"고 술회한 바 있다. 또한 경평전에 선수와 심판으로 참여했던 김화집 선생은 "우리가 일제강점기에 공을 찬 것은 3·1 만세운동이 민족정신을 고취시킨 것과 비슷했다"고 회고했다. 그러나 분단의 벽은 너무 높았다. 38선이 생기자 평양 선수들은 서울에서 경기를 마치고 육로가 아닌 뱃길을 통해 돌아갔는데, 그것이 마지막 경기가 되면서, 경평축구 대회는 역사의 뒤안길로 사라졌다.

전 세계에서 대한민국은 유일한 분단국가로 남아있으며, 남북관계는 경직된 지 오래다. 지금, 이 순간에도 지구촌 곳곳에서 처참한 전쟁이 벌어지고 있다. 더욱이 미중 간의 갈등은 고조화되고 있으며, 국제정세는 자국 우선주의가 팽배해지며 긴장감이 더해지고 있다.

이러할 때 필자는 '경평축구'의 부활을 제안한다. 스포츠는 언제나 정치보다 먼저 벽을 허물어왔다. 평창의 깃발 아래 남북 단일팀이 하나 되어 세계 무대에서 울렸던 애국가의 울림과 서로의 손을 맞잡던 순간들을 우리는 또렷이 기억하고 있다. 경평축구는 이처럼 남북 간의 긴장 완화뿐만이 아니라 통일을 향한 발걸음을 내딛는 계기를 마련할 수 있다. 나아가 온 국민이 경평축구를 통해 하나가 되는 '민족한마당'으로 자리매김될 수도 있을 것이다.

이렇게 부활하게 되는 경평축구는 남북 간 차원의 행사를 뛰어넘어, 지구촌의 평화와 인류의 공존과 번영을 염원하는 대축제로 승화 발전시켜야 한다. 그만큼 지구촌 유일한 분단 국가에서 펼쳐지는 경평축구는 상징성이 크다. UN사무총장의 축사와 더불어 남북한에 있는 외국 대사들의 참여도 독려하자. K-POP과 함께 80억 지구촌 시민들이 축구경기를 보면서 전 인류를 응원하는 가슴 벅찬 경평축구를 80여 년의 맥이 끊긴 이 시점에서 새롭게 부활하여 지구촌에 희망을 쏘아 올리자. 서울과 평양 한복판에서 말이다.

팍스코리아나를 향하여

　수많은 역경 속에서 한강의 기적을 일으킨 현재의 대한민국은 이제 또 다른 100년을 향해가고 있다. 미래의 대한민국은 인류 역사에 있어 어떤 흔적과 발자취를 남길 것인가에 대한 담대하고 진지한 고민이 필요한 시점이다. 역사는 주어지는 것이 아니라 만들어 가는 것이고, 대한민국의 꿈은 그 누구도 대신 꿔주지 않기 때문이다. 꿈을 꾸지 않는 한 그 꿈을 향한 의지와 도전이 일어나지 않고, 역경을 헤쳐나갈 명분도 없을뿐더러 실현을 기대하는 것 자체가 무리다.

　그렇다면 대한민국은 미래를 위해 어떤 꿈을 꿔야 하는가. 필자는 대한민국의 꿈을 원대하게 '팍스코리아나'Pax Koreana로 제안한다. 그렇다고 '팍스'의 의미가 과거 침탈과 착취, 식민지 통치, 군사력 지배 등 제국으로의 회귀를 의미하는 것이 아니라는 점을 명백히 밝혀 둔다.

역사적으로 로마와 영국이 대제국이 될 것을 누가 일찌감치 예상이나 했겠는가? 로마는 동시대의 그리스인, 켈트족, 카르타고, 에트루리아인들에 비해 이렇다 할 만한 것이 없었지만 지중해 주인으로 등극하며 천년 제국 '팍스로마나'Pax Romana 시대를 펼쳤다. 변방의 작은 섬나라였던 영국은 전 세계 인구와 영토의 약 25%를 차지하며 '해가 지지 않는 나라'라는 칭호와 함께 '팍스브리태니카'Pax Britanica 역사를 써 내려갔다. 이들이 해낸 것을 우리가 못할 이유가 전혀 없다. 한국인은 한번 한다면 끝장을 보는 탁월한 DNA도 갖추고 있지 않은가.

  팍스코리아나의 철학과 정신은 찬란한 우리 역사를 관통하는 '홍익인간'이 돼야 한다. 홍익인간은 비범하게도 개국開國이 아닌 개천開天의 의미를 지니고 있으며, 한 국가를 뛰어넘는 인류 보편적 가치를 담고 있다. 이는 대한민국의 국혼國魂이며, 우리 민족의 소중한 얼과 정신이 아닐 수 없다. 더 나아가 지구촌의 평화와 번영을 위해 가장 필요한 것이 바로 홍익인간의 정신이며, 세계 인류가 깨닫고 체화해야 할 정신문화의 메카가 바로 대한민국인 것이다.

  지금까지 우리는 누군가가 만든 세계 질서와 판 속에서 움직였다면, 이제 우리가 세계 질서와 판을 만들고 영향을 주면서 인류 문명과 세계사에 새로운 획을 긋는 치밀한 청사진이 필요하다. 생각하는 대로 살지 않으면 사는 대로 생각할 수 있는 오류에 빠질 수 있다. 우리에게 너무나도 익숙한 '세계 속의 한국'이라는 기존 프레임으로는 세계사의 주역으로 우뚝 설 수 없다. '세계의 수도! 대한민국'이라는 새로운 프레임으로 접근해 세계를 근본적으로 유심히 관찰해야 하고, 이를 통해 전 세계 경제적 영토, 더 나아가 문화적 영토에서의 주도권과 패권 속에서 공존과 공영을 지향하는 팍스코리아나 국가전략이 필요하다.

우리 5천만 대한민국 국민은 홍익인간의 정신을 실천하며 세계 각국으로부터 존경심과 부러움을 받는 '세계시민'으로 거듭나야 한다. 팍스코리아나의 실현을 통해 대한민국은 경제부국과 문화 대국의 위상 속에서 세계를 주름잡는 품격 있는 국가와 국민이란 어떤 것인지를 전 세계에 보여줘야 할 때다. 이것이 바로 대한민국이 지구촌 인류 역사에 존재하는 이유다.

홍대순

한국의 피터 드러커라 불리는 홍대순 교수(광운대)는 경영전략가이자 경영사상가이다. 세계 최초의 글로벌경영전략컨설팅 회사인 아서디리틀(Arthur D. Little, ADL, 1886년 미국) 코리아 대표를 비롯해 이화여대 교수 및 광운대 경영대학원장을 지냈다. 대통령실, 정부부처(기재부, 산업부, 국토부 등)와 기관, 기업의 자문위원, 사외이사, 자문교수 등의 역할을 수행해왔으며, 유네스코 자문위원 및 공학한림원 회원이다. 연세대학교에서 응용통계학 학사, 경제학 석사 및 경영학 박사학위를 받았다.

애국응원가인 《코리아찬가》 음반을 제작하고, 휴대폰 통화연결음이 '애국가'일 정도로 대한민국을 사랑하며, 'Mr. 대한민국' 애칭을 지니고 있다. 문체부장관상 및 미래창조과학부장관상을 수상한 바 있다. 주요 저서로는 《한국인에너지》, 《아트경영》 등이 있다

유튜브 : 홍사부TV
hong.daesoon@gmail.com

똑똑
당신의 삶을 뒤흔들 한 조각의 이야기

발행일 2025년 9월 15일 1판 1쇄
지은이 홍대순
펴낸이 김일수
펴낸곳 파이돈
출판등록 제349-99-01330호
전자우편 phaidonbook@gmail.com
전 화 070-8983-7652
팩 스 0504-053-5433
ISBN 979-11-991047-3-0 (03300)

ⓒ 홍대순, 2025

책값은 뒤표지에 있습니다.